生命的意義，你的靈魂都知道

升起你的靈性天線，一起踏上通往高我的回家之路

謝宜珍——著

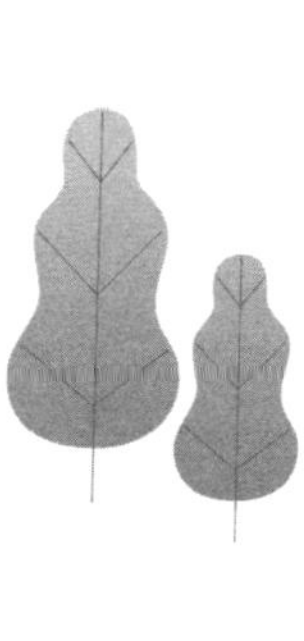

各界推薦

收到這本書的書稿，正是台灣疫情開始破百例之際，同時間缺水、停電訊息頻傳，除了生活不便外，也讓人心慌。

我很幸運能在社會氣氛如此焦慮的狀況下翻閱此書，這本書散發著溫暖的頻率、清晰的視角，把我穩穩地接住了；這本書用了很多實例及故事，解釋了「夢境」、「靈魂」、「輪迴」等等靈性又抽象的概念，也提供讀者實作的練習，協助人們連結更高維度的自己。

後疫情時代，正是探索自我好時機，當我們能與更高維度的自己連結，就能放下恐懼焦慮，安住自我；那麼，我們也可以說：疫情的發生，也許正是靈魂約定好，要讓人類的意識集體提升的一個好契機。

——**凡妮莎**（NGH催眠師／專欄作者）

前陣子才被靈性前輩提醒要找回一度斷鏈的靈性連結時，就收到了本書的推薦序邀約，像是一種巧合。特別的是，當看完文中三大類「夢」後，自己也很共時性地做了幾晚有些意義的夢。

作者的親身經歷，讓那些既靈性又科學的觀念更接地氣，明白要如何學習放下身上沉重的負擔。

對於想進一步提升自身靈性，或此刻正經歷人生階段的重大轉換、想重新連結的讀者，這會是一本很好的指南書。

——**王莉莉Shila**（《祕密》系列譯者）

一開始被作者的預知夢、直覺感應的經驗吸引，當我們知曉靈魂來到地球的任務，就會明白自己和宇宙、和身體、和他人之間的關聯與意義，更多時候我們在體驗生命奧祕的同時也展開豐盛的身心靈旅程，透過另一個視角，可以近距離接觸那些使人生變得美好的簡單真理，很幸運地在魔法覺醒的關鍵年遇到這本神奇的書，我相信一切都是最好的安排。

——**銀色快手**（作家、手相占卜師）

自序／

通往高我的回家之路

繼第一本著作《遇見豐盛的自己》出版後，我想寫第二本書，但寫什麼主題較好呢？

我思索了一陣子，還想不出答案。有一天突然靈光乍現，腦海閃過一個念頭，好似回應了我的問題：「寫你最想寫的那本書！」這句話好似很平常，卻深深地觸動了我，它像是來自上天的訊息，指引了我的方向。

要解讀這句話裡更深的含義，應該是，這本書要與你的心一致，將你所知道的、所經歷的、對他人有裨益的寫出來。

我問自己：「這本書特別之處是什麼？」

我的內在聲音回答：「這是一本靈性之書，從你過去的神奇故事開始，去探索人、生命與宇宙的奧祕。」

是的，我內心最想寫的是一本靈性躍升的書。這一生，我曾經遇到過許多神奇的事，例如夢的預言、直覺、靈感，這些事很難用常理去解釋，但是，它們卻都很準確，從來沒有錯的時候。或許有人質疑它們的可信度，但因為發生在自己身上，所以不得不信。

但是，我可以證明嗎？有沒有可能以科學的角度去詮釋它們呢？

這引發了我的好奇心，想知道誰也有類似上述的經驗。於是，從科學角度去探索。結果在大量的文獻中，發現許多人的境遇與我雷同，我並非唯一。最特別的是，有許多著名的科學家、物理學家、數學家、發明家都有過這樣的經驗，我好似注射了一劑強心針，因此，踏上了生命探索的旅程。

有人說科學與靈性是不同的道路，其實科學與靈性是一體兩面，科學試著以人類的頭腦去了解浩瀚宇宙，也不斷地探索其奧祕，研究的結果應證了靈性的存在。

在探索的過程，我也明白，從身心靈、量子力學、宗教、哲學、心理學、神祕學出發，路徑雖然不同、術語也不同，但殊途同歸，所要表達的真理都是一樣的。

我知道人們對於靈性的追求有很多的迷思，也因為頭腦的制約，阻擋了探索的道路，甚至產生了不必要的恐懼。

在這本書裡，我以生命的探索與洞見，和實作練習，希望能夠幫助更多人打開靈性天線，與高我連結。讓我們每一個人從物質提升到心靈層面，都能夠以健全的心態、正確的認知，來與高維度的自己相遇。

在寫這本書的時候，我想到了天才數學家拉馬努金，他的靈感都來自夢境，提出了許多重要的數學公式。他沒有理論、也無法提出證明，但是，所寫出來的結果都是對的。他的教授認為，拉馬努金是千年不遇的天才，但為了讓世人能夠相信，他們不斷地提出佐證，在有生之年，也寫下了不少公式並提出了證明。

證明這一件事情到底重不重要？

是重要，也不重要。

證明只是為了說服我們的頭腦去相信，但是每一個靈魂都知道，真理不會改變，很多事情是不需要去證明的。

但是證明這件事情，也讓我們開始去探索，讓腦洞大開，生命宇宙的奧祕就在我們不斷地探索之下，與我們越來越接近，越來越合而為一。而回到我們最初的靈性之家，才是真正的歸屬，也是內在最終的渴望。

很感謝透過這次的寫作，讓我重新爬梳自己一路以來對宇宙漸近漸深的了解。希望能陪伴大家打開心靈網路，對準頻率，升起靈性天線，找到那一條通往高我的回家之路。

目錄

第二章——

生命解密

第三章

與高我連結

前言／

一堂神奇的課

許多事情的交織結合，是如此的巧妙，彷彿都有其旨意，一切來得正是時候……

在我準備想寫書的這段期間，正值學期結束，所帶領的課程包括讀書會、心靈課程、身體療癒……也告一段落，於是開始規畫新課程，心想，這次要教學生什麼主題與內容？

正當我這麼問自己的時候，腦海中突然閃過一個畫面，之前有位學生委託我開「與高我連結」課程，何不以這個為主題，於是我將課程命名為「打開你的能量天線」。

兩天後，我擬定好課程大綱及內容，附上報名表，完成時已是晚間十一點。心想，這個課程先不對外，只發佈到歷屆學生群組，沒想到課程訊息一公佈後，短短不到一個鐘頭的時間，瞬間秒殺，報名因額滿而表單自動關閉。

隔天許多想來上課，卻沒有報名成功的同學私下反應，是否可加開第二梯次的課程？

我答應他們，有時間會再安排上課。

這件事情引發了我的好奇心，自己也不明瞭，為什麼這堂課會秒殺？到底有什麼魔力，讓大家如此感興趣，想來上這堂課？

於是開課當天，我請每一位同學分享，為何想來上這堂課的原因。

有人說，坊間的身心靈課程很多，但帶領人素質參差不齊，授課內容也不一，他擔心學不到東西、過高收費、引導錯誤、怪力亂神，或被騙。之所以會想要報名是因為很早就想上這樣的課，再來就是對老師的信任。

有人說，想更認識自己、發展自我潛能、找到連結高我的方法，而後自助助人；有人說，每天工作賺錢，似乎還無法滿足自己，想找到自我價值與生命的意義；有人說，看見家人關係不和睦，在紛擾的環境，渴望找到靈性的清靜；還有人說，長久在這個物質世界打轉，累了也倦了，有一種很強烈想回家的渴望，但不知道家在哪裡？想來尋找答案。

我知道每一個人來到這裡的原因不盡相同，但同樣的是，每一個人，都有想從物質世界提升到靈性世界的深切渴望。

心理學家亞伯拉罕・馬斯洛曾經說：人類的需求是金字塔形狀的，由最底到頂層，共分為八個層次，分別是：生理、安全、愛與歸屬、尊重、求知、美感、自我實現、自我超越。

生命不斷往前走，最終的目的是，解決問題、不斷成長，能夠超越自己，發揮個人最大的潛能，體驗到自我生命最高的價值，也能幫助他人完成自我實現。

而我知道，人們的最終渴望都希望回家，但那並非父母的家、物質世界、或身體這個家，而是靈性的家——那是我們最初的來處，也是最後的歸處。「讓靈性回家」是每一個靈魂的渴望，也是內心深處的期盼。

在這個課程中，我分理論與實作兩大部分。第一，從生命經驗出發，以靈性與科學並進，來探索生命。第二，將我自身實作與感悟，設計成一套教學練習法，來帶領學生。

在這堂課裡的最初與最後，有我許多的觀察以及美妙的體驗。

從一剛開始，有完全不懂的學員問我，能量是什麼？為什麼看不見？

在經過簡單的解說，以及實作練習之後，幾乎每一個人都感受到了能量。印象較深的是，當時，只有一位同學對能量的感受力較緩慢，但我並不急，知道這需要耐心與時間，允許每一位學生以他的速度前進，允許一切自然發生……而這位同學在上第二堂課時，彷彿被打開了竅門，進步之神速，以及感受能量的速度，遠遠超越了其他的同學。

她在整個課程結束後來找我，談起她的進步、學習心得，也跟我道謝，我在她侃侃而談的話語中，想起她上第一堂課的時候，那種生活上帶來的，隱隱約約的不安、缺乏安全感，一直到現在蛻變為神采飛揚，以及本質的喜悅與輕鬆不費力，迥然不同。我知道她已發現了自己的內在力量。

還有另外一個個案也讓我印象深刻，一位有身體障礙的學生，透過上課及實作練習，感到身體許久以來所沒有的輕鬆，阻塞的氣場再次流動，彷彿心靈與身體再度重逢。回家後，她來訊告訴我，已經很久沒有與自己有這麼親近的感受了，她甚至感動得流下眼淚……

我告訴她：「平常的生活累積壓力、有情緒，或者思維受限，往往導致能量阻塞，身心也會跟著受限，『輕鬆』代表你打開自己，慢慢地解開限制的重圍，這對於身心是一種解脫，也是自由。而感動流淚是觸動到本源，感受到與高我連結的一種方式。」

幾次課程下來，我也觀察到這群學生開始將所學結合實作，運用在生活中。他們終於發現，原來寶藏真的就在自己身上，學生受益後自然也帶著感謝的恩典，開始與周遭的人分享，助益他人。

其實，每一個人都是能量體，只要適當引導都可以感受到能量、增強直覺感應、創造力、擴大更高維的能量場域。

每一個人與宇宙連結的天線一直都在，無法連結的原因，是因為忙碌的生活、環境的制約、受限的框架與信念，讓我們與高我分離、斷了線。

開始發現自我潛能，好好運用「能量」這個寶藏，打開自己接受它，與更高維的自己相遇，不僅在靈性層面可躍升成長，在生活上也會過得更好，輕鬆不費力。

第一章

探索生命

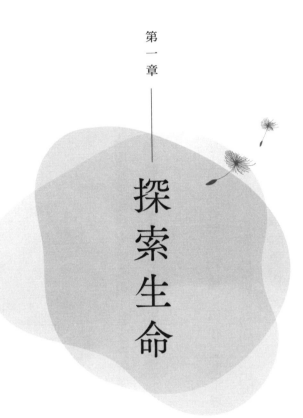

夢境的奧祕

在任何一個領域內發現最神奇的東西，然後去研究它。
——諾貝爾得主 約翰・惠勒（John Archibald Wheeler）

人類是地球上最具智慧的物種，但在這個世界上有很多事情或現象，是我們所不了解的，也難以解釋清楚的，正因為如此，我們對生命產生好奇，才想去探索其中的奧祕。

我是一個從小到大，喜歡自我提問「為什麼」的人，尤其是跟生命、宇宙有關的議題，都想知道答案，例如：

- 我是誰？
- 我從哪裡來？
- 要往哪裡去？
- 生命的意義是什麼？
- 夢境是真實存在的，還是虛幻的？
- 第六感從哪裡來？

我這一生也遇過許多神奇的事，這些真實的經歷，真的難以用常理去解釋，例如夢的預言、靈感、直覺等等，但是，它們都很準，從來沒有錯的時候，而就是因為發生在自己的身上，所以不得不信。

也因為這些總總難以解釋的原因，讓我開始邁向生命探索之旅。

「探索」是一段美妙的過程，當一個又一個的祕密被解開，一如花的綻放，處處讓人驚喜，我不禁為生命喝采，為造物主的神奇而讚嘆。

現在就讓我們先來探索夢境的奧祕。

每一個人都會做夢，夢好似一場虛幻，反應了人們在白天的思慮。但有些夢中的預言、警訊、啟發、神諭……也會應驗在真實的生活中，不禁要問，這些夢是如何產生的？

不久前與一位朋友有約，見面時，她難掩亢奮的心情，與我聊起了夢境。

她問我：「是否有過一些神奇的經驗？例如夢到什麼就顯化了什麼？」

我還來不及接話，她就迫不及待地與我分享，昨晚她夢到遠嫁國外的姐姐懷孕了。沒想到，今早姐姐來訊告訴她，昨天醫生做了例行檢查，確定她有身孕了，她很雀躍，趕緊來報喜。

她直呼：「夢境好準，真是不可思議！」也好奇地問，為何人在夢中有預知能力？如何解釋這些事？

我對夢一直有著濃厚的興趣，特別是在生命的歷程中，有過許多神奇的體驗。

我將夢分為三大類：

1. 白日夢（意識、潛意識）
2. 預見性的夢、託夢（超意識）
3. 上帝、佛、造物者、神的夢（絕超意識）

白日夢

許多心理學家對夢特別感興趣，其中研究夢境最有名的就是奧地利心理學家，也是《夢的解析》這本書的作者——佛洛伊德。

他解釋，夢境是潛意識的總總活動。一般而言，人們在道德感的約束下，白天無法暢所欲為，於是許多思慮、欲望被壓抑了下來。到了晚上當我們心情放鬆、休息或睡眠時，潛意識開始釋放，悄悄地透過夢境放大，以各種型態來表現自己。這也就是俗語所說的：「日有所思、夜有所夢。」

在這個層面上，若以心理學的角度來解釋，是人們透過夢境讓潛意識欲望滿足、釋放的一種表現。

但，夢境心理學，並非我目前想探討的議題，我對於那些充滿神祕色彩、難以解釋的夢境，有更多的好奇及濃厚興趣，也就是「夢的預言」。

預見性的夢

預見性的夢可以跨越時空、俯瞰未來，提前知道某個事件。這些夢境常常被歸類為，難以解釋的超自然現象。其實這類的夢不是虛幻，是可信、可被證實的，我自己就有幾個親身經歷。

有一天我做了個夢，夢境中我踩在石板路上，經過窄窄的小巷，那一條巷子好古老，彷彿置身於中古世紀的歐洲。夢中的我很清楚地知道，這地方不在台灣，此景只有歐洲才有。

之後一覺醒來，不以為意，也很快地忘記了這個夢。

不久，我畢業之後來到維也納留學，有一天，我獨自走在熱鬧的第一區席維登廣場，穿越重重人群，沿著斜坡往上走，繞過維也納古教堂，走入一條狹窄的巷子，此時，另一端巷子的盡頭，金色的陽光灑了進來，照射在石板路上。

當時，我的心猛然一震，這景象不就跟我當年在台灣夢見的一模一樣嗎？

而這樣的夢境，還無獨有偶。

有一次與奧地利朋友聊到夢境，我說自己還沒來維也納前，就在台灣夢到維也納了。他聽完很激動地說，自己也做過類似的夢。

他曾經在奧地利，夢到從未去過的中國。

回憶起這個夢境，他緩緩地敘述著：有一次做夢，看見自己來到一處風景優美的勝地，眼前平靜的湖水，無波無浪、散發著詳和寧靜，有一種脫離世俗的感覺。放眼過去，四周聳立著各種奇形怪狀的山丘，他從來沒有見過如此新鮮有趣的形狀。

醒來後，他對夢中的畫面仍無法忘懷，他嘖嘖稱奇地說，這一生還未見過這麼美的山水畫。

這位朋友之後因為事業的關係，開始走訪世界各國，也順道旅遊。在眾多國家中，其中有一站來到了中國，他被安排到桂林旅遊。

他生平第一次來到桂林，然而眼前的風景卻讓他非常震撼，沒想到這個山水畫面，跟他以前在夢中所看到的一模一樣。

託夢

託夢是來自關係密切的人，例如，家人、親戚、好友、甚至寵物，主要是提醒福禍的徵兆，或有未完成的願望，想要交代他人完成。

話說，我那年邁的外婆，因疾病已經在安養中心躺了好幾年。

有一天，我夢到與外婆來到一個診所，醫生為外婆做完檢查後，告訴她診斷結果。

只見外婆邊聽邊點頭，聽完後就表示想離開。於是，我們離開診所，我跟在她後面，外婆穿越大馬路走進小巷，越走越快，最後她健步如飛，速度快到讓我幾乎跟不上。

突然她轉頭過來，以溫柔卻堅定的語氣對我說：「別再跟著我！我不想拖累任何人，要離開了，不要告訴別人你看到我……」

聽到這些話，我不敢跟著外婆，止步了，最後只能眼巴巴地望著她越走越快，最後一溜煙似的，消失在小巷的盡頭。

做完這個夢不久，就傳來外婆仙逝的消息，她走的那一年，剛好享嵩壽一百歲。

我回想起當時的那個夢境，似乎是一種告別，也是一種預言。

除此之外，還有兩個印象深刻的夢境——親人託夢。要講述這個夢境以前，先交代一下我老家的背景。

我在嘉義出生，從小就與奶奶、父母、手足住在一個大宅院，那棟房子是少見的清朝時期歷史古建築，猶記門前兩隻石獅子、木門上釘有銅環、廳堂內雕梁畫棟、古色古香。

談到這棟房子，家人有時還笑著說：「以前有人要去城隍廟進香，看到我們家還以為是廟宇，要去廟裡拜拜的人，有時還會誤進家門。」

聽奶奶說，這棟房子原為王得祿將軍的兄嫂——王祖母許太夫人所有，因為她輔佐王得祿將軍打敗敵人，征戰有功，於是皇上封她為一品夫人。

這棟房子就是一品夫人的住處，之後被經營房地產的爺爺買了下來，這棟房子有我許多的童年記憶：我們與奶奶比鄰而居，中間隔著客廳，前面有個偌大的花園……

之後我們家族繁盛，人口越來越多，父母將原本的住房讓給新婚的堂哥，我們則搬到花園對面的另一間房子，這個房子的後門跟大宅院是相通的，仍然可以自由往來。

隨著環境變遷、歲月流逝，我的奶奶以高壽撒手人間，由伯父繼承了大宅院，之後我們也搬離嘉義到北部發展，漸漸地越來越少回嘉義。

若干年後的晚上，我夢見了奶奶，很清楚地看她從大宅院的客廳走了出來，經過花園，走到我們對面的房子。

看著她，夢中的我很清楚，奶奶已經不在人世，於是悄聲地問：「奶奶，你回來了嗎？」

奶奶經過我的身旁，瞥見我，堅定地點點頭，沒有說一句話，就走進我們以前住的房子。

於是像被關了電視般，夢境到此結束，我瞬間醒了過來。

想起那個夢境，我覺得很不可思議，過世多年的奶奶與老家嘉義，好似離我們很遙遠了，但為何有這個夢境？要告訴我什麼訊息嗎？

我心裡琢磨著，要不要告訴爸爸這件事，後來決定先問爸爸，近期是否要回嘉義？如果他回答「要」，再跟他提夢境之事。

問了爸爸，沒想到他的回答是：「要回嘉義。」其實，這讓我有點訝異，我們搬到北部多年，爸爸很久沒回嘉義了。

他說這兩天正巧有些事情，想要回去嘉義處理。於是，我不假思索地告訴爸爸那個夢境，他說：「我也不知道這代表什麼意思？」

後來爸爸從嘉義回來告訴我，他知道是怎麼一回事了。

我內心充滿好奇地問：「什麼事呢！」

他說，回嘉義老家才知道，伯父將大宅院賣了，而我夢到奶奶的那一天，剛好是大宅院拆掉之前。伯父將祖先、奶奶的牌位請出了客廳，爸爸解釋說：奶奶從客廳走出的含義就是，她不再住在那裡的意思。

爸爸沒有宗教信仰，是個理性並且鐵齒的人，他對我說：「我這一生不相信鬼神，但是我相信你的夢境及所說的話。」

我一生夢到奶奶兩次，上次那件事情過後的若干年，我又夢到她。

記得那天我睡得很沉，夢中奶奶出現對我說，她又冷又濕。夢中的我，好似清醒卻又渾渾噩噩地睡著，辨認不清到底這是夢，還是真實？

我繼續睡，但意識似乎是清楚的，在夢裡我問奶奶：「這是真的嗎？如果是真的，請讓我再夢見你一次。」

感覺很快地入睡之後，奶奶又出現了，她告訴我同樣的話。

醒來之後，我仍然有一連串的疑問：這個夢是真是假？它到底重不重要？我要不要告訴家人？會不會小題大作？

最後直覺告訴我，要將這個夢境告訴爸爸。有了上一次經驗，於是我又問爸爸，最近要不要回嘉義，如果他說要，我再跟他敘述我的夢境。

結果，爸爸回答說：「你問得很巧，我後天就要回嘉義一趟。」

於是，我將夢境一五一十地告訴爸爸。爸爸聽完，也不知道這夢到底要傳達什麼事。我那時候也沒有問他，回去嘉義做什麼。

結果爸爸從嘉義返回台北時，居然說：「我知道為什麼了。」

爸爸那天回嘉義，是為了民間的土葬習俗，要為奶奶撿金。當伯父、爸爸到達奶奶墓園時，才發現墓地淹水，那是八月颱風過後所造成的，爸爸突然想到我的夢，才恍然大悟，原來奶奶是要告訴我們這個訊息。

爸爸跟我說：「不要擔心，已經處理好，奶奶不會又冷又濕了。」

這件事情過後，可能奶奶的願望已達成，我再也沒有夢到她。

關於親人託夢之事，不只我遇過，我哥哥也有被託夢的經驗。

我的爸爸於二〇〇八年與世長辭，在舉行告別式前的兩個星期，有一天，長年住在外地的哥哥打電話回家，問姐姐：「家裡有爸爸的灰色夾克，及一頂莫斯科帽嗎？」

姐姐說有。她也很好奇，長年在外的哥哥很少回來，如何知道家裡有這兩樣東西？

哥哥回答：「昨晚做夢，夢到爸爸，在夢中爸爸說他要這兩樣東西，要在告別式的時候燒給他。」

在夢中，哥哥略帶質疑地問爸爸：「真的有這兩樣東西嗎？我從來沒有看你戴過帽子。」

爸爸回答：「問你媽媽，她知道。你跟她說，她會準備的。」

最後哥哥問：「爸爸你要去哪裡？我開車載你去。」

「不用載，我自己走。」之後爸爸用很快的速度，於一道光中離開。

這是爸爸跟哥哥於夢中最後的對話。

隔天醒來，哥哥半信半疑，不知夢境到底是真是假，於是就打電話來印證。我們聽到姐姐轉述哥哥的夢境後，大家都感到不可思議。

而關於那兩樣東西的來歷，我最清楚，因為那是我在維也納買給爸爸的，那件灰色夾克爸爸生前就很喜歡穿，還有那頂「莫斯科帽」，是一頂覆蓋雙耳極保暖的毛帽，那是有一年爸爸到維也納，剛好遇到下雪天，買給他保暖的。

我知道他很喜歡這頂帽子，猶記那年十二月爸爸在歐洲度假結束，我陪同他一起回台灣，抵達台灣入境時，氣溫很暖和，但他頭上還戴著那頂帽子。

雖然時過境遷，想起來卻也歷歷在目，至於哥哥那個夢境，最後我們都遵照爸爸的指示，將這兩樣禮物準備好，送給在天堂的他。

上帝神佛的夢

在這個層級的夢境，我稱它為絕超意識的夢。當老天要傳遞神諭，或人類在意識最純粹，不受干擾時，就可以與本源、最高的光，也就是我們講的上帝、佛陀、神、造物主連結。

每個人內在都有神性，其實與本源連結一直都在，只是被後天的環境、制約所限制。敏感族、潛修者、或意識較清明、純粹者，比較可以與祂連結。

以下是我未公開的祕密，也是真實的經歷：十六歲那一年我夢到觀世音菩薩，她一手持寶瓶，另一手持楊柳枝，緩緩從天降臨。那個畫面美得令人震撼：菩薩是白色的，天空以暗色為背景，其中卻又佈滿彩虹般的絢爛顏色。我看傻了眼，讚嘆著說：這畫面好美！這是什麼景象？

菩薩透過意念回答說：這是月華。

當年我不知道什麼叫「月華」，之後翻閱字典，還真的找到「月華」這兩個字，但是那本字典解釋淺顯，那個時期的電腦也沒找到類似的圖片，於是，便沒有再進一步探索。一直到最近媒體報導說，義大利北部夜空出現了極罕見的「月華」（lunar corona）奇景，被一位義大利攝影師拍攝到，我好奇地上網看了照片，心裡忍不住直呼：就是這個！當年夢中所看到的景象，就像這張照片一樣，有著七彩霓裳般的光，一圈又一圈環繞在月亮旁邊。

那個畫面至今還是讓我好震撼，一生無法忘懷。

話說回來，當年這個夢境過後，我突然有了一項天賦異稟，也就是無師自通，能夠透過手相，為人解事的能力。

那年我住在學生宿舍，有一天心血來潮，為同一寢室的八名室友看手相，之後消息不脛而走，許多人紛紛慕名而來，從自己的班算到隔壁班，從這一屆算到別屆，最後連學校教師都來找我。

那時家人也沒有反對，把算命當作是我的天賦，讓我適性發展，我很少跟別人提起這個能力，但是，畢業後到國外留學，因為華人間口耳相傳，從華人到歐洲人、從同學到教授，為人解事，好像已成為當時的志業。

猶記當年有一件趣事，某天我在音樂院的教室上課，外面有人敲門，我的教授問：「是誰？」

門外傳來回答聲：「是我。」

我的教授覺得這個聲音好熟悉：「請進。」

門一打開，原來是一位鼎鼎有名、德高望重的音樂系老教授。

我的教授很訝異地說：「怎麼是你？這時候來有什麼事嗎？」

那位教授略靦腆地要求：「我想讓你的學生算命。」

「喔，」我的教授說：「才剛開始上課呢，請你等到下課好嗎？」

那位教授點點頭，瞬間好似變成學生，拿起一張椅子，乖乖地坐在琴房的角落等待。我和我的教授不禁相視一笑。

那時，當學生的我認為，教授雖然高高在上，但他們也是人，同樣也有生活上的憂心煩擾，有問題也不一定知道如何解決，能提供一些建議，幫助需要幫助的人，我也很樂意。

神諭翻譯員

談到算命，我在國外有許多個案，在此略提一二。

當年一位來自台灣，在奧地利居住多年的好友，因為在音樂方面表現傑出，學校給予終身教職。幾年過後想要脫單，期待有個好歸宿，但是她很困惑，不知道留在奧地利，還是台灣較好？

我那時候告訴她，如果是為了結婚的打算，最好是回台灣，因為返台不久後，會透過自己所信仰的宗教組織，認識未來的伴侶。

最後，她再三考慮，決定回到台灣定居。果然返台不久後，她認識一位師姐的弟弟，兩人情投意合，於半年內很快地步上紅毯，完成終身大事。

很多人好奇問我，算命方式為何？我與其他算命師不同的是，我不研究手相，對手相的紋路，也了解不多，只知道幾條主要的紋路，代表什麼意思。

為何會知道呢？因為，小時候散步經過一家面相館，看見門前掛了紅布條，上面有手相圖，所以看過幾次後，有了粗淺的印象。

那只是基本的認識，但再深入的手相學，我就不懂了。我這一生從來沒有學過算命，即使在書店翻閱到命相學的書，怎麼看就是看不懂，而且，那些密密麻麻的手紋解釋，看久了會讓我頭痛，這一點和我面對無緣的數學很像。而且奇怪的是，一向有耐性的我，卻沒耐性去研究這方面的知識。

那麼你會覺得奇怪，不懂手相，到底要如何算命？

答案是：連結最高意識。

念。

如何連結？這個方法很簡單，只要三個過程：放鬆、專注、無念。無念就是放空，沒有小我的頭腦干涉，這是最輕鬆不費力的。更具體地說，就是放鬆、放空自己，讓自己處於清明的無意識狀態下，來連結高我訊息。

我個人認為意識與想法是不太一樣的，意識比較是先天、本具的、純粹的，想法是屬於後天被形塑的，裡面有很多人們的制約與受限的觀念。

意識越高維、能量越細緻、更高等的智慧生命體，比如其他星球的外星人，都是以意識在溝通，當然與上天連結都是通過它。「意識」一直以來都是與不同維度，天與地、上與下、左與右的溝通的工具。

當時我認為傳遞神諭的人，就像是一位翻譯員，其重要的使命就是：如實地翻譯，不能加油添醋，加入自己的任何想法。

最近，因為寫書也想到「神的翻譯員」這件事，很神奇的，在一個偶然的機會裡，我的電腦視窗出現了一部YouTube影片，這部影片講述美國國家喻戶曉的神童天才畫家——阿琪亞娜（Akiane Kramarik）的故事。

阿琪亞娜五歲時就無師自通，開始繪畫。據她說：有位神明在夢中教她畫畫，她花了很久的時間，將神明的樣子畫了出來，稱他為「和平使者」。看過這一幅畫的人都說，感覺很像耶穌。

看過阿琪亞娜的畫，就知道那些畫很不平凡，只有一句話能夠形容——此畫只應天上有。她的畫作栩栩如生、活靈活現，不管是人或動物形象，眼神都那麼鮮活真實。

我看得出來，阿琪亞娜的畫不是透過練習或努力得來的，而是一種出自內在神性的完美極致。

阿琪亞娜曾經敘述自己作畫的經過，她說：所有的畫作是按照神明的指示畫下來的，每一筆一畫都必須按照老天的意思，如果參雜了自己的想法，腦海影像一定會消失，或不成形，最後就是必須整張畫塗抹掉。

所以在攝影機前面作畫的她，常常看她塗塗抹抹，有時候眼看就要完成的畫，最後都擦掉歸零，重新來過。

其實，她講的是對的，她的畫一如我的算命，其實只是讓老天透過我們，藉由畫或算命為工具，來助人而已。

會天使語言的維也納老太太

好幾年前，我在維也納認識了一位老太太艾莉絲，她也有類似的經驗，更加確定了我對傳遞老天訊息的一些看法。

記得我在維也納居住時，好友雅莉娜（Alina），一位來自羅馬尼亞的護理師，說她認識幾個天賦異稟的人，想要辦個聚會，讓大家彼此認識。

那晚，來了七位歐洲人，我是唯一的亞洲人，這七人各有所長，會看前世今生、塔羅牌、還有直覺透視力等等。但老實說，我對這些人並沒有多大興趣，只有一個人例外，就是八十二歲，會天使語言的維也納老太太。

所謂「天使語言」，是來訪者問一個問題，老太太就可以根據靈感寫出一個解答，所寫下的文字與符號並非一般人可看懂的，只有老太太才能解讀。

那次聚會後，我們兩人成為好朋友，也對彼此的天賦感到好奇。她問我為什麼會算命？我娓娓道來，也問她為什麼會寫天使的語言？

她說有一年夏天，孫女放暑假，於是祖孫兩人相約到維也納近郊的一間古堡飯店度假。還記得那天下午，她右手拿起畫筆，準備教孫女畫畫時，手卻不聽指揮地舞動了起來，而且還在圖畫紙上，寫了一些她看不懂的文字以及符號。

這樣神奇的事件，讓她感到莫名其妙，於是透過朋友，找到一位專門研究神祕學的博士，那位博士解釋說，這是天使的語言，也告訴艾莉絲，日後要透過天使的訊息，為他人服務。

艾莉絲再三考慮後，接受了這個使命，也結束了自己原本的事業，那位博士教導她如何解讀這些文字及符號，艾莉絲之後也專心於此志業，為他人解事服務。

我和艾莉絲有好多相似的經驗、看法、共同話題，她也說，是更高的意識，透過她傳達上天的訊息，自己只是訊息傳達者，來「解讀天使的語言」。

我也表達我的看法：「宇宙有個潛規則，一定要遵循……接引最高意識，不能以頭腦的想法、小我的想法來干預，要讓最高意識如實呈現，按照原版翻譯，否則就不準確了。」關於這個看法，她也很認同。

我還笑著對她說：「我可以想像，為什麼老天會揀選你當翻譯員。」

「喔？為什麼？」她偏著頭、好奇地等待答案。

「因為你很單純、真誠。」

她微笑著回應我：「是啊！你也一樣，不是嗎？」

我們一致認為，從事這個志業心態最重要，不能為名為利，必須以服務為目的，去幫助需要幫助的人。

艾莉絲告訴我，她也跟天使提出了許多不懂的生命、宇宙議題，而有一些對答，那位博士朋友協助她，將這些資料整理記錄下來，出版了一本書。

我與艾莉絲一直保持來往，回到台灣定居後，還曾經回維也納拜訪過她，那時她已經高齡九十歲了，腳力、體力、眼力都不太好，但仍然持續著她的志業。

算命問與答

在超過三十年的算命經驗中，常有人來問我一些關於算命的問題：

該不該算命？

算命當然不是算著好玩的，但是人生總有面臨在十字路口徬徨徘徊、不知何去何從、無法做選擇的時候，這時可以傾聽別人的解釋和建議，但最終的主導權還是在自己，你有權利做一切的選擇與決定。

算命準嗎？

算命其實就是看見生命藍圖，生命藍圖就是所謂的「命」，有其脈絡，是已定不變的。但是人有創造力，這是「運」，所以也是可以改變。看見大脈絡往往可以打開很多結，解決一些問題，因為是從更高維的角度來看，對人對事會更清晰。

如果預知不好的事，你會照實說嗎？

這個問題就像知道有人罹患癌症，會不會告訴對方？

我的看法是，這要視對方的狀況、時間、接受度、反應而定。有時講了，對方坦然接受就沒問題，若太匆促，或帶著情緒、表達方式不對，在家屬及病人還沒準備好的情況下，會造成情緒上的混亂、抗拒、無法接受。

「被告知事實」是每一個人的權利。當然，最終還是要適時地讓他們知道，最好的狀況是，能夠好好準備，去做自己想完成的事。

這裡所謂的「適時」，指的是在一個正確的時刻，而什麼是正確的時刻？就是循序漸進地了解，病人能夠接受的程度到哪裡，再來考量依什麼樣的方式、時間來告知是較好的。

是否有來訪者是你會拒絕請託，不幫他算命的嗎？

這個問題就像是病人找醫師，凡是來到眼前的病人，醫生都不應該拒絕，算命也是，我們不會拒絕來訪者，但也會視情況給出訊息，例如多講或少講。

有人很想算命，卻處處表現高傲、質疑；鐵齒的人、故意來測試你能力的人或只是因為好奇、算著好玩的，一般給的訊息不會很多。

有一種人不知如何選擇，虛心地想聽取建議解決問題，或遇到生命轉折，在十字路口不知何去何從，急需幫忙的人，我一定會給予建議與幫助。

如何才能成為神諭翻譯員？

神、上帝、天使會透過被揀選的「某個人」來傳遞訊息，就像是發證照一樣，是經過老天授證的。

其實，能成為神諭翻譯員是你自願的，你的靈魂知道，但頭腦、理智不一定知道。這是你與老天的共同約定，出生前的計畫裡就有的。你的靈魂願意為老天做事，為眾人服務，來做傳導，成為神與人的溝通訊息橋梁。

你如何確定訊息來自神，而非來自其他不好的靈？

神諭都是帶著光和愛，所有的訊息都是為了幫助眾人而來的，訊息都是有智慧、意義，或帶來某種提醒、裨益。有時候在訊息傳達後，我的頭腦才會突然反應過來，咦！剛剛那句那麼有智慧的話，好像不是我的腦袋可以想得出來的啊！

真正的神諭來時，感受是舒服的、平靜的、安定的，甚至是喜悅，就像暖流經過，如同暖陽般舒適，不會是冰冷、恐懼、不安、混亂的能量。祂所帶來的結果，最後都是導向正向的。

成為神諭翻譯員，有困擾你的地方嗎？

對於我個人而言，成為神諭翻譯員基本上不是難事，比較不適應的是「時間」，因為訊息隨時會來，有時在白天、有時晚上，甚至半夜或清晨，有時睡到一半，但意識都很清明時，一有感應就必須記錄下來。

剛開始接收訊息的時候，我還會有些小抱怨，心想，怎不讓我多睡一會兒？但我覺得接收到的信息還滿有意思的，有時聯想到延伸的議題，還會起來翻書找資料，那些智慧的答案也讓我瞬間開竅，好像不懂的地方突然懂了。主要是對信息感興趣，也就忘了睡覺睡到一半這件事，還好，我的睡眠品質一向都不錯，即使被中斷，還是可以瞬間再度入睡。

當然，當我對多維空間有更深一層了解時，才知道，老天與我們對時間的認知有差異是正常的，因為在高維的空間裡，時間是一體的，沒有被切割，所以老天完全沒有時間的限制，隨時可以提供訊息。

我用什麼方式，來幫助需要協助的人？

算命來訪者之所以想算命，有小部分想釋放情緒、被了解、被傾聽，這樣的訴求是最容易解決的。但大多數人是因為內心有糾結煩擾、未解之事，要做出決定的時候感到迷惘，例如，如何做？該往哪裡去？

要先靜候，還是要改變？

最高層級的諮詢師其實就是：看見來訪者的生命藍圖與他現在的自我創造。

也就是，他現在的生命藍圖走到哪裡？目前的創造在哪裡？有時候必須馬上改變，有時候時間未到，就不能異動。

以下兩個案例供大家參考：

最近有兩個好朋友同時想轉職，A小姐來到我這裡之後，我從她的生命藍圖看見，此時的確正是需要轉變的時候。

她在職場上很努力，上司有對她讚譽有加，但很奇怪的是，她自己常常感到不快樂，隱隱約約的不安，漸漸地對現在這個職場，越來越有排斥感。

而生命藍圖（命格與高我感應）顯示，她目前的工作與之後的工作性質完全不同，她應該先休息，之後充實自我，再轉換新跑道。

雖然生命藍圖如此，但我也要徵詢她的意願，於是問過她的想法後，她也表示自己渴望辭職，休息一段時間。

於是，就在生命藍圖與自我意志吻合情況下，建議她辭職。這個答案出來以後，A小姐臉上馬上展現笑容，因這個決定與心一致，所以頓時感到輕鬆喜悅。

B小姐是A小姐介紹來的，她也希望能像A小姐那樣轉職，之後做自己想做的事，但不確定自己適不適合轉職？

她說剛來我這裡的時候，以為我給她的答案，會像是A小姐那樣。結果，我給了她相反的答案。

以她的生命藍圖與目前的工作性質來看，她並不討厭現在的工作，但也不是她所喜歡做的事。從生命藍圖來看，目前的工作，雖不是她長久要做的事，卻是她的維生工具，她要先透過工作將經濟穩定下來，為下一個工作儲備資金之後，才是轉職的好時機。

所以我建議她先不要換工作，但可以在工作之餘去學習自己喜歡做的事，到時候水到渠成就可以轉職了。

神奇的感知力——第六感

真正有價值的是直覺。在探索的道路上智力無甚用處。

——科學家　愛因斯坦

要講這個主題之前我們先來看看，何謂量子糾纏？量子糾纏理論，是經由科學家驗證後而提出的，主要是說，兩個最精微的基本粒子，不管相隔多遠，哪怕幾千公里，如果你把其中的一個粒子動一下，另外一個粒子也會同時有所反應，中間不會有絲毫的時間差，仿佛兩個粒子擁有心靈感應一樣。

這說明了，一切萬物在冥冥之中彼此存在著聯繫，這種連結不受時空的約束，以此現象來看人類的感應，與基本粒子的量子特性近似，最為熟悉的就是心電感應。

心電感應telepathy一詞源自古希臘語，tele意為「遠距」，pathy「感應」，也是所謂的第六感，這是除了聽覺、視覺、嗅覺、觸覺、味覺外的第六感——「心覺」，一種不通過感官，以無形的方式在人與人之間傳遞信息的超感官知覺。

在日常生活中，總有一些無法解釋的奇妙感受，例如與某人初次見面，卻有似曾相識的感覺；在電話鈴響之前，就能預知誰打來；走在路上，第六感告訴你，今天會碰到熟人，果然，突然有個多年不見的好友，就在街頭讓你遇上了……

心電感應在雙胞胎、伴侶關係、親人身上體現的更加明顯。

記得以前，班上來了一對雙胞胎姐妹，常聽她們姐妹說，彼此的心電感應很強，當一方身體不適時，另一方也會感到不舒服，還有相同的症狀，例如頭痛、牙痛。當然相對的，兩人分隔兩地，當一方感受到喜悅，另一方也能感受到喜悅的振動頻率。

親密關係中的情侶或夫妻，心電感應也很強大，相信很多人都有這樣的經驗。例如，對方正要開口說話之前，常知道他要說什麼、分秒不差地講出同樣的一句話、同時想到同一件事或一個人、正在想念對方時，手機就及時傳來對方的訊息。

而父母、子女間的關係也是如此，若一方感到痛苦，另一方則不快樂，若一方感受到愛，另一方也能夠得到滿足，自然也願意分享愛。

心電感應中所謂的「母子連心」，也讓我想到自己的親身經驗：有幾次一大清早，我自外買了早餐回家，剛走到家中大門前站定，正準備拿鑰匙開門，門卻「啪」的一聲自動解鎖，瞬間被打開。

我望著半掩的門不禁微笑，心裡知道，那是媽媽在樓上按對講機，幫我開門的。心想，每次買完早餐回家，我絕不會走到對面那條街，所以母親即使從陽台望去，也不會看見我回來。況且，每次回到家裡的時間都不一樣，但她卻能分秒不差地及時開門，這是從哪裡得來的感應呢？

曾經問過媽媽這個問題，只見她面露微笑回答說：「你是我的孩子，我當然有感應，媽媽的預感都是強大的……」

我個人也常常傾聽第六感，因而可以預知一些現象與答案。猶記在奧地利念書的時候，我主修鋼琴，有一項兒童教學要會聲樂，於是找了一位主修聲樂的台灣學姐，在周末幫我上私人課。

我第一次到她家時，也認識了她的奧地利男朋友，當年她的男朋友還是醫學院的學生，看起來學識豐富、彬彬有禮。

寒暄後，他男友離開客廳到書房，學姐要我等一下，她到別的房間拿樂譜。就在這個空檔，我一個人佇立在客廳的落地窗，看見一張照片貼在玻璃上，那是一個東方男人的照片，年紀大約五十幾歲。

不知哪來的直覺，我看著他的眼神，覺得這個人應該不在世上，便好奇地以意念問他？

你還在這個世上嗎？

對方似乎也以意念回答我：「不在了。」

我繼續問：「為何緣故？」

對方說：「肝癌。」

後來我發現出現一問一答時，便不再問了。

之後學姐返回客廳，我便問她：「請問照片上這位先生是誰？」

她說：「是我爸爸。」

我繼續問：「他應該走了吧！」

「是啊，半年前離開的。」

「是肝癌走的嗎？」

學姐很震驚：「你怎麼知道？」

我告訴她，是透過直覺、意念知道的。

學姐說在國外除了她男友，從來沒有人知道她父親的事，她直呼不可思議，好神奇！但也相信了感應這回事。

學姐下課後，將這件事情告訴她的男友，後來她男友來到我面前，態度略顯高傲地說，他不相信直覺、意念這種東西，可能是剛好被我猜到，這應該只是一種巧合罷了。

我心裡知道奧地利人很講求科學理性、邏輯證據，既不迷信，也不道聽塗說，尤其是優秀的醫學院學生，是絕對理性的，我覺得他們「不相信」，是滿正常的事。

我聳聳肩說，或許吧，我也不知道。

那時我沒有做任何解釋，以為他對這樣的議題不感興趣，說完會馬上離開，但他卻佇立原地，若有所思地從身上拿出一張照片說，能請你看看這張照片嗎？

我一看，照片上有三位奧地利年輕人，他指著中間那個年輕人說：「這是我表弟，你覺得他如何？」

我看了照片，只丟出一句話：「近期要注意心臟的問題。」

他聽了哈哈大笑說，怎麼可能？他表弟才十九歲，運動細胞很好、人又年輕，從來沒有聽說過他有心臟的問題。

我不在意地說：「這只是一種感應，或許準、或許不準，你聽過就算了，不需要當真。」之後我就返家了。

一周過後，我又去他們家上課。一進門在客廳還未坐定，學姐的男友就急忙跑來，這次態度非常和善：「真是太神奇了！」

我丈二金剛摸不著頭腦地問他，什麼事呢？

「感應好準。」他說：「上週我回去後，表弟果然於星期三因為心臟問題送醫，還好問題不大，星期四就出院了。」他又問，從來沒有聽說過表弟心臟有問題，到底是如何知道的？

我還是送他那句老話：心靈感應。

他喃喃自語說，實在無法置信，卻不得不信。那一次，我看見他的態度從高傲轉為謙卑……一種臣服於高我感知的力量。

除此之外，還有一件近期發生的事，也令我自己感到很神奇。

我偶爾會到一家餐館用餐，也認識了老闆娘，慢慢熟稔以後，她就像朋友一樣，有時會來寒暄小聊。感覺她有種親切力，對待員工也很好，與餐廳女服務生好似姐妹一般的互動，完全沒有任何架子。

一天，我又去用餐，老闆娘過來跟我聊聊，突然她喊了一位服務生的名字「瀟瀟」（化名），等那位服務生來到面前，我的第六感告訴我不太對啊，這個名字跟本人完全搭不起來。

這種感覺讓我為之錯亂，禁不住滿腦子的疑問，於是我開口問那位服務生：「請問，這是你的名字嗎？」

她大概也被這個突然而至的問題嚇了一跳，反問我，為什麼這麼問？

我解釋說，聽到剛剛老闆娘叫你的名字，可是我的第六感告訴我，這個名字跟你本人完全搭不起來。

她聽了以後，對我的第六感到訝異，於是拉了張椅子坐下來：「你的第六感告訴你什麼？」

我告訴她，你的名字應該跟陽光、絢爛的顏色、光亮有關才對，但我卻聽到「瀟瀟」這名字，所以才覺得奇怪。

她一聽完，用很真誠的眼神看著我說，她的本名的確不是「瀟瀟」，而是「絢彩」。

於是，她告訴我一個鮮少與別人提起的故事：她是遠嫁來台灣的外籍新娘，在這裡已經定居了十幾年，有先生、孩子，也有合法的身分。

但是以前年輕時，因為出生貧苦，不得不離家到其他省分打工，為了避免太多的麻煩，長久以來，她用了一個陌生女子的名字，幾十年下來，大家都這麼稱呼她，自己也習以為常了。

她說，在外打拚二十幾年，除了家人、老公，沒有幾個人知道她真正的名字。經過這件事，也讓我覺得很有意思，第六感不僅是預知，也述及真相，而這種預知都是準確的。

其實，第六感不只直指真相，也幫助人們在選擇兩難、舉棋不定的時候找到一個確切的方向。

有天，一位老師來到我這裡，說她在一所國中擔任教師十幾年，沒有所謂不好，只是待膩了想換環境，轉職行政，又礙於自己再過幾年就退休了，不曉得有沒有機會？

直覺感應說：有。

接下來她又問，有兩個學校想試試，如果二選一，不曉得哪一個學校有機會？

我的直覺告訴我兩個字「東北」，為此我還去看了一下地圖，看過後就明白：從地理位置來看就是萬里，萬里的地理位置、風景、氣候，不僅對事業、對健康，也會有幫助。

她謝謝我，便離去。

兩個半月後我收到她的來訊，謝謝我之前的提點，結果真的商調到這地方的一所國中當行政，她感恩上天垂愛及貴人相助，讓她有此機會接受歷練。

我回覆她：「你的運氣很好，今年夏天是轉換職場最好的時機，而且就這麼一次機會，很高興你把握住了，能夠轉換職場，除了強項才能、還需天時、地利、人和的配合下，才能心想事成。」

她寫著：「今年的轉職本是『不可能』的任務，因已過了商調的時間，結果卻發生不可思議的事，原主任臨時決定不做，校內其他同事無意願接此職務，校長就緊急找我出任此職務。」她也相信如我說的，所有的因緣促成需要有多方善緣的幫忙，才能心想事成。

我告訴她，那時候腦海中先出現了「3」的數字，之後內在的直覺感應到，這個工作其實只有30%的機會，你真是幸運。

她回答說，真的被我說中了！當時第一次和校長見面時，她就說只有約30%的機率，結果這只有30%的機率真的產生，並且實現了。

聽她這麼說，我自己也起雞皮疙瘩，覺得不可思議。而這次的職務轉換，讓這位老師夢想成真，在退休前剩餘的幾年可以去做自己想做的事。

從這件案例來看，也感悟到許多人想轉職，但礙於年紀太大而不敢嘗試，事實上不是沒有機會，而是受限思維阻礙了新契機，透過這件事也讓我明瞭：人生，一切都是有可能的。

第六感有時也是一種提醒、警訊，要我們不要往哪裡去、繞路離開，避開麻煩與風險，甚至能幫助人們逃過意外、死亡約會。

例如，在夜晚的車廂裡有一個空位，本想走過去，但是你瞄到空位旁邊坐著一個眼神飄忽不定、感覺不舒服的男人，直覺告訴你不要過去，這個感知力就是來保護我們的。

例如，鐵達尼號啟航前，尼古拉．特斯拉早已預言會有意外發生，於是勸告朋友皮爾蓬．摩根，不要搭這艘郵輪出遊。一向相信好友預感的摩根，聽從了他的建議退掉了船票，因而幸運地逃過一劫；相對的，另一個特斯拉的朋友約翰．約伯．奧斯塔，就沒有這麼幸運了，因為沒有聽從特斯拉的建議，最後搭上鐵達尼號，隨之沉沒於大海中。

對我而言，第六感總是很靈驗，從來沒有出錯的時候，直覺來時也輕鬆不費力，勝過深思熟慮，有很多頭腦不明白的事，第六感都知曉。這種感知力既是正確、也是真實的，它也啟發了我，在自己與別人不知道何去何從時、需要指引時，提供了答案與信息。

第六感不是頭腦的產物，而是超越感官的指引，它幫助我們以高維的角度來看事情。走在人生路上，當你必須有所選擇或決定，卻百思不得其解時，不妨相信自己的直覺與靈感，讓它成為你的引路使者。

第二章

生命解密

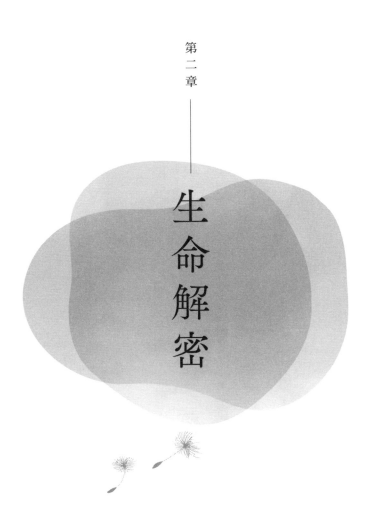

從量子力學揭開夢境的祕密

因為自己的種種經歷，我對夢境充滿了好奇，也想知道，是否別人也有類似的經驗。在閱讀大量的文獻、資料後也發現：古今中外，許多人的靈感居然源自夢境，特別值得一提的是，世界著名的科學家、發明家、數學家、醫學家……也不例外，他們透過夢境有了不凡的發明與創作，進而改變世界，為人類帶來了莫大的貢獻，這些都要歸功於夢的啟發。

在這裡列舉幾個世界著名人士的真實故事：

天才數學家——拉馬努金的神祕夢境

我很喜歡一部電影《天才無限家》，這是描寫天才數學家拉馬努金的故事，許多人可能對他不熟悉，因為他在三十三歲就溘然謝世。

拉馬努金成就不凡，與牛頓、高斯齊名，也與聖雄甘地、詩人泰戈爾合稱「印度之子」，可見他在世界上舉足輕重的地位。

他一生最大的貢獻就是寫下三千九百條公式和定理，某一個函數用來被解釋宇宙黑洞的部分祕密，當年他提出這個函數的時候，人們還不知道黑洞是什麼。

他影響力之大，連現代著名的谷歌，也根據拉馬努金的數學公式，研製出能算數學，也能計算出物理常數的拉馬努金機器。

然而很神奇的是，拉馬努金沒有受過專業教育，完全是靠直覺，他自稱所發現的公式，是夢中的瑪卡爾女神給的靈感，他每天一早上醒來就會將靈感記錄下來。

他曾說：「一個方程式對我沒有意義，除非它代表了神的一個想法。」

當年拉馬努金在英國劍橋大學的哈代教授，也是當代著名的數學家，看到拉馬努金筆記本記錄著整個歐洲數學史上，幾乎所有的重要數學公式，而且都是對的，便驚嘆地對他說道：「我即使窮盡一生都無法把它解答出來，雖然我是無神論者，但相信這是神啟發你，否則你不會有這些發現的。」

拉馬努金去世之後，留下兩本厚厚的數學筆記本，在他死後七十多年。他的論文中埋藏的祕密依然不斷地被挖掘出來。

拉馬努金的夢境令人匪夷所思，同樣的，他母親的夢境也同樣不可思議。

當年拉馬努金想要離開親人家鄉，遠渡重洋到英國去發表研究時，母親卻極力反對，但是有一天，她夢見拉馬努金頭上有光環，許多歐洲人圍繞著他。母親認為這場夢是來自神的旨意，告訴她，拉馬努金有任務待完成，不要阻止他，所以最後才答應讓他出發前往英國。

想想，這一切彷彿有著上天冥冥中的安排，若沒有那場夢境及神諭，恐怕就沒有這位千年不遇的數學家了。

交流電之父——特斯拉的清明之夢

特斯拉有眾多頭銜，是科學家、哲學家、詩人、物理學家、機械工程師、電機工程師、未來學家、交流電之父，堪稱為曠世奇才，他與愛因斯坦、達文西並列為「科學史上三巨人」。

特斯拉有很多實驗，都是在清晰的夢境中模擬完成的。因此他在發明研究過程中不需要圖紙、模型，就能獲得結果。特斯拉一生有七百多項發明，是一名真正改變世界的偉大發明家。

愛因斯坦的光速之夢

眾所皆知的偉大科學家愛因斯坦，年輕時曾經做了一個夢，夢見自己踩著雪橇滑下山坡，在越來越快速地滑行中，接近光速時，意識到頭上的星星把光折射成他從未見過的色譜。

這一畫面令他震撼，也留下了難忘的印象，他有許多思想實驗的基礎，都來自這個夢境，並通過它創造了相對論。

此外，歷史上還有其他著名人士的案例：

- 牛頓在蘋果樹下午睡時，醒來寫下了三大運動定律。
- 俄國化學家門得列夫，在夢裡看到一張表，元素們紛紛落在合適的格子裡。醒來後他立刻記下了這個表的設計理念，這就是著名的元素周期表。
- 美國發明家艾利亞斯．豪，有一天夢見一個野蠻人舉著矛向他刺來，矛頭上有一個眼睛形狀的孔。他醒後從中得到啟發，一舉解決了縫紉機的針眼問題。

- 法國大科學家、現代哲學之父笛卡兒，夢中見一隻蒼蠅飛來飛去，飛行的軌跡形成各種各樣的曲線，蒼蠅停在空中時，則留下一個黑點。這個夢也建立了直角坐標系，創立了數學的新分支——解析幾何。
- 硫化橡膠的發明人查理斯・固特異，夢到有人建議他在橡膠中加上硫磺。於是醒來後如法炮製，這個方法果然很神奇地解決了橡膠對溫度敏感的問題，對橡膠工業做出了巨大貢獻。
- 德國數學家卡爾・高斯，在夢中清楚地看到了磁感應規律，也就是知名的高斯定律。
- 丹麥物理學家尼爾斯・波耳，有一天夢見自己坐在太陽上面，所有行星都沿著細線運行。這個夢對波耳的啟發，使他後來成為原子核模型的發明者。

- 加拿大醫學家班廷，他發現胰島素可治療糖尿病，而這個靈感來自於他夢見自己從小狗的退化胰腺管中抽取殘液。之後他因為這個研究，而成為諾貝爾醫學獎得主。
- 導演卡麥隆在《阿凡達》的影片中，所拍攝的畫面充滿想像力、震撼人心，這些創意也是來自夢境的啟發。

在這裡舉了這麼多的例子，主要是想表達：所有的創造，都離不開內在的直覺、靈感、頓悟的激發湧現。

唯理主義哲學家史賓諾莎曾經說：「直覺是理解事物本質的最可靠的能力，它比經驗、推理略勝一籌。」德國唯心主義哲學家、數學家萊布尼茲認為，直覺與邏輯相比，有更精準的判斷能力，直覺也具有真理性。

量子力學之父普朗克也認為，富有創造性的科學家，必須具有鮮明的直覺想像力。在這裡也進一步說明，有些人認為科學家是透過理性的邏輯思維，才能有所創造，其實不然，他們在創造發明的那一瞬間，是先觸動了直覺與靈感，而非一堆生硬的方程式。那些邏輯思考、經驗歸納、演繹檢證，只是幫助科學家證明真理，而非發現真理。

事實上，如果每一個人可以放鬆、靜默下來，時時往內看，到達清明澄淨的狀態，每一個人都可以連接高我、宇宙，開創無限的可能。

那麼，為什麼我們會做夢？夢境可以印證在現實生活嗎？如果從科學的角度來看，又做何解釋？

隨著現代科技的發達，生活越來越進步，但是我們對自己的了解卻非常地少，我發現透過深度的認識自己，就能夠更了解生命與宇宙的關係，而自我、生命與宇宙這三者的關係其實都是密不可分的，現在就讓我們來揭開這個祕密。

之前所提到的夢境，例如「日有所思、夜有所夢」，我稱它是「現實記憶碎片的投影」，也就是白天意識碎片的組合，這些都跟我們生活中的經歷有關。但是預知、託夢、靈感啟發、神諭……這些夢，跟我們的生活完全沒有關係，為何卻如此真實？

夢境其實是人類的意識進入平行宇宙，也就是更高維度的時空。

科學家很早就提出平行宇宙的概念，愛因斯坦在相對論中早已經預言，平行宇宙是真實存在的，著名的物理學家霍金，也認同這個說法。

科學家認為，意識可以自由穿越在不同的維度之間，這個通道就是維洞（蟲洞），而夢境就是透過這樣連結進入的高維空間。

對於各種維度的概念是，一維空間只有長度，二維空間是寬度加長度，三維空間是長寬高，四維空間是長寬高加上時間……科學家認為目前宇宙有十一個維度（我認為這樣的認知應該是說，目前最小值至少是十一維度，因為科學還在持續探索，維度上限可能是無限的）。

這也就是說整個大宇宙，就是多重宇宙組合而成的。

想要了解多維空間的概念，先從一維開始。一維空間就是兩個點中間的一條線，只有長度。二維空間的概念就是長與寬，沒有高度。

例如，螞蟻就是處在二維空間，牠們不知道有「高」，所以也不知道「上與下」這回事。

如果螞蟻在地面上活動，在三維空間的你，可以很清楚地看到牠們來來去去。你若做個實驗，從空中放入一塊砂糖到牠們前面，螞蟻會驚慌、錯愕，因為牠們不曉得為什麼會有東西突然從天而降。如果你將砂糖拿開，對螞蟻而言就是從空中消失，就像是碰到了靈異事件或神蹟。

人類的世界是三維空間，所以我們看二維世界一清二楚，一點也不神奇，以此類推，以四維看三維空間，也是毫無問題的。

人類的三維空間，因為只有長寬高，沒有時間，所以我們在時間之下，時間是人類的枷鎖，三維沒有過去未來，只有現在這個當下。

四維空間可看見過去、未來，五維空間可回到過去、未來……以此類推到最高維度，時間是一體的，不受限制，是永恆的。

所以意識在高維空間，沒有時間的分割，可以看見一切發生。所以收到預言、感應、靈訊，其實是很自然的事，說穿了一點都不稀奇。

意識在平行宇宙，可以相互連結，但也有它的次序及規則。基本上有些空間就是私人領域，不可擅自進入，有些空間是公共場所，可以有交集，這就是為什麼人的意識可以通過事件來感知到對方的原因了。

生命的奧祕——出生之前我是誰

「我是誰？」

「我從哪裡來？」

這是人類歷史千年不變的話題，也是許多人都想知道的答案。每一個人都想知道自己的真實身分，出生後我們知道父母是誰，那麼出生前，「我」又是誰？

很多人都誤以為，「我」是這個身體、這個軀殼。但「我」真正的身分，不是身體，而是無形的能量、精神體，也是靈魂、意識。

有人問：先有頭腦才有意識，還是先有意識才有頭腦？

答案是：先有意識才有頭腦，因為意識是能量體，頭腦是物質，能量先存在於物質。

意識與頭腦的關係，就像程式軟體對電腦的操作，電腦負責記錄、儲存、傳輸，在背後主導一切的是程式軟體，也就是意識。

有人問：是靈魂在身體裡？還是身體在靈魂裡？

答：靈魂比身體更巨大，所以身體在靈魂裡面。

如果用水來做比喻，可以三種型態來形容，分別是：水蒸氣、水、冰。水蒸氣是意識，水是靈魂，冰就是身體。

因為意識太細微，來到物質世界想要體驗，就必須先創造電磁場來表達自己。這個電磁場，就是我們講的靈魂（又稱能量、以太、量子），從意識到電磁場，這個過程就像細微的水蒸氣減緩振動速度，慢慢變成水，而靈魂包含著身體這個物質，就像是液體變固體，水變成冰。

所以，是靈魂先存在於身體，而靈魂比身體更巨大。身體在靈魂裡，必須依靠意識才能存在，但靈魂不倚靠身體而存在，它是可以獨立的。

靈魂可以暫時離開，例如我曾經在睡夢中，看見自己從高處往下看，瞧見自己（我的身體）在睡覺，相信也有很多人有過這樣的經驗，這就是靈魂暫時離開身體的現象。

身體沒有意識就沒有作用，但是靈魂可以單獨存在，靈魂若暫時離開，生命還是可以繼續，倘若長久離開就是肉體的毀壞，就是死亡，生命也告一段落。

靈魂是在什麼時候進入肉體的呢？

在精子與卵子結合的時候。

每個靈魂進入肉體來到這個地球，為的是體驗，生命的意義在於體驗，沒有體驗，就不知道自己真正是誰。

因為上帝太完美，於是以祂的形象塑造成為人，來體驗祂自己；父母倘若沒有孩子，就無法體驗當父母是怎麼一回事；演員若沒有觀眾，就無法體驗演戲的快樂，以及當演員的滋味如何。好人沒有遇過壞人，就無法體驗到當好人的感覺；沒有經過苦難的人，自然也不曉得什麼是喜悅的滋味。

以此類推，當你想要經驗一個角色，一定要有相對的東西讓你體驗，這也就是為什麼我們會來到這個二元世界體驗的原因。

每個人來到這個世上都有他的課題，所以會有各式各樣的情境事件來到生命中，有時我們會遇到問題、逆境，或是很嚴重的突發狀況，這樣的事情看似不好，其實背後也有某種意義存在，目的都是要我們從中學習與成長。

我有一位朋友本來是位才藝老師，三年前知道自己熱愛的是瑜伽，而這些年來她上過不少課程，最後也取得證照，一直蓄勢待發想找機會另起爐灶，卻苦於沒有勇氣離職。

一直到最近因為少子化，才藝班的學生越來越少，再加上有一次因為老闆娘情緒控管不佳，對她大發脾氣，就在那個當下，她做出離職這個重大決定。

離職後她成為瑜伽老師，有自己的工作室，做自己喜歡的事，現在的她感到很喜悅，也慶幸，因為那時有這麼多不愉快的事發生，才讓她堅決辭職並實現了夢想。

那麼，生命藍圖又是誰給的呢？

生命藍圖是神與你的靈魂共同策畫，主要是依照你想要的體驗與課題而設計的。

生命的意義是為了體驗，我們來到地球後，就會忘記過去那個神聖完美的自己、忘了我們有上帝的ＤＮＡ、原本的身分，才能好好重新開始，來進行我們的旅程，玩這場遊戲。

如果把生命藍圖比喻成一場電腦遊戲。神就是那個遊戲程式的軟體設計師，祂按照你的需求，量身製作出屬於你的電腦遊戲，你就是那個玩家，在既定的遊戲規則裡，你可以選擇怎麼玩，要達到什麼樣的結果。中途放棄？還是繼續？最後遊戲就此終止，還是重新再玩一次？

生命藍圖就是神為你規畫好的，根據你想要做的功課以及體驗，有了既定的程式設計。於是你在哪個家庭出生，父母、伴侶、兄弟姐妹是誰，都不是偶然的安排，因為他們都是為了幫助你成長，裡面有你要學習的課題。

除了家人，還有其他一群人（群體靈魂）也會來幫助我們，比如，伴侶、親戚、老師、同事、朋友，他們可能以白天使或黑天使的身分而來。

所謂白天使就是帶著愛而來，他們會支持、關照、護持你，讓你感受到溫馨、滿滿的愛，最高層的愛是無條件的，就像母愛一樣，不管孩子如何，都會接受他的一切，亦如他所是的樣子，這就是所謂的正向操作。不是有條件才愛，例如，我愛你，是因為你有錢；我愛你，是因為你長得漂亮；我愛你，是因為你成功……

另外，有一種人是黑天使，他們也愛你，但所做出來的事是反向操作，例如，扮演壞人，傷害你的人、討厭你的人……就像演一部戲劇，有人想體驗好人的角色，就必須有人演反派，如此才能彰顯對方的好。當你的課題是寬恕，那麼就有黑天使做錯事，讓你來寬恕他；如果你想體驗愛自己，那麼，對方就會做出讓你傷心、失望、難過的事，讓你轉身回頭去愛自己。

生命藍圖是定好的、不變的，是先天的，也就是命；但我們還有自由意志，是可改變的、後天的，也就是運。生命藍圖提供了地圖，至於走哪條路徑，想怎麼走，都可以自我選擇的。

在這裡沒有所謂的好與不好，這只是你的體驗，老天不會將你的自由意志拿走，因為沒有自由意志，人就無法創造，而每一個人都要為自己的選擇，負起責任。

這一世都有我們要學習的功課，若沒有學完，下一世就會再來繼續完成。不斷地學習就是輪迴轉世，直到最後，人有一天覺醒了，回到神性本質，就像上帝、佛陀、造物者一樣的圓滿俱足時，就可畢業。

畢了業有兩條路供選擇。有人會乘願再來，選擇再次回到地球，例如：成為上師、老師、修行者、傳道者，為的是帶領眾人，認出自己所走過的這條路。

而輪迴最後那條路，就是回到造物者身邊，結束靈性在物質世界的體驗旅程。

若有人一生都不順，最後帶著遺憾離開，怎麼辦？

如果真有遺憾，還會有下一世的機會，讓人繼續體驗、成長與學習。但，有些事即使不如預期地發生，也未必是不好的事，這些只有當事人才能去解讀、定義他自己的人生，若以外人的視角定論好壞，評論對錯，都不是中肯的認知。

例如，我認識一對夫妻，他們有三個孩子，其中一個患唐氏症，對外人而言，這簡直是晴天霹靂，難以接受的壞事。

醫生說，這個唐氏症的小孩只能活到三十歲，但是現在他已經超過五十歲了，仍然活得好好的。

在這個家庭裡，到最後孩子們紛紛為了打拚事業或結婚生子而離家、遠離父母。唯有患唐氏症的這個孩子，就像是上帝派來的天使，常伴父母左右，為他們解除寂寞，帶來心靈的慰藉，而父母也透過這個身體有障礙的孩子，學習到完全的付出，給予無條件的愛。

所以，生命藍圖的計畫、作用與意義究竟為何？有時需要透過長遠時間才能看得出來。

揭開死亡的奧祕

每一個人的生命都有一個入口，亦如出口。

——聖經

關於死亡，有些人只想迴避，不想碰觸，但這終究是我們每個人都會碰到的事情。不妨多點了解，來一探究竟。

會想談論起這個議題，是因為不久前，在一次演講後，有位女士私下來找我，她告訴我，她的母親高齡九十歲了，對死亡感到害怕，請我下次是否可以談談生死學的主題，讓大家有所了解，不再對生命的結束感到恐懼。

那場演講過後不久，正值歲末年初、新舊交替的時節，我也聽聞身邊的朋友、學生有親人逝去的消息，有人在群組發文，難掩悲傷，但事情過後，有些人度過了非常時期，有些人卻還過不了這個門檻。

印象最深刻的是，有位朋友說：她的母親走了一個多月，自己還陷在極大的悲傷中，她不想出門，常常趁家人出去的時候，把自己關在家裡大哭。她像隻受傷的動物，只能躲在洞穴裡療傷，這樣受困的情緒，讓她不知如何是好。

我開始思索，如何幫助他人減輕悲傷與恐懼的情緒？

我以前經歷過喪父之痛，當時用了多年的時間才走出來。但現在的我，在了解生命和宇宙的運作後，發現死亡根本不是我們想的那樣子。

人會有負面情緒，都是源自於想法，所謂「讓人痛苦的不是那件事，而是對那件事的認知」，當我們不以小我，而是以更宏觀的視角來看待，就能超越生死的恐懼與悲傷。

死亡是一種未知，對於未知，頭腦是恐懼的；死亡也代表分離與終結，因而讓人眷戀、不捨，帶來悲傷，人們最大的痛苦來自於小我的「只想緊握，無法放手」。

然而，大自然裡沒有緊握，每一個人從誕生的那一天開始，就逐漸走向死亡，生與死如同大自然的四季更迭、恆常循環，是每個生命必經的自然過程。

不願意放手是小我的佔有，我們把別人當成依附，說他是我的、他屬於我。事實上，除非佔有，否則就沒有失去，沒有誰屬於誰，每一個人都是獨立完整的個體，每個人只屬於他自己。

無法放手，就好像你還在念七年級，但別人已經完成了高中學業，現在你要求他等你，不要繼續升學，這對於你愛的人是極大的阻礙。放手讓對方離開，才是更好的祝福，為了進步與提升，你要讓他邁入下一個階段，成全他進入大學繼續學習。

除了小我之外，另一個痛苦是來自錯誤的認知，而這個認知就是：生命的消失，是一切的終結。

但真相是：肉體會消滅，但靈魂（意識）是永恆的。

所有的宗教都相信，靈魂會在肉體毀壞後，以另一種方式存在，並繼續新週期以及新的生命。或許有人對這個說法嗤之以鼻，視為迷信。但是，根據近代量子力學科學家的研究顯示，構成人的組成不只有身體，還有靈魂，靈魂是真實存在的，只是人的肉眼無法看見而已。

更確切的解釋，也就是說：身體只是靈魂的載具，當身體不存在，意識並不會跟著消失，因為意識可以單獨存在、可以超越時空，若沒有時空的限制，就沒有所謂死亡的限制。

身體對於意識就像穿衣服，倘若穿壞了舊衣就換新衣，意識能脫離受限的肉體，是一種極大的自由，它之後會進入另一個時空維度，科學家稱其為平行宇宙，在那裡，意識會繼續存在，在適當的時候再次選擇進入肉身，也就是輪迴。

講到輪迴，有人對宗教的六道輪迴質疑，這方面如何以靈性層面來解釋呢？

我覺得，以人類的進化論來講不太可能。因為靈魂與肉體結合，為的是來到地球體驗，體驗的目的是為了學習，每一次的學習是為了進化，所以人若降級到動物之靈魂，對進化是沒有幫助的，也不具任何意義。

我曾經與佛教界的潛修者及高僧談論到這個議題，有人回答：在物質世界就可以是六道輪迴。

我想，六道輪迴應該不是佛陀的本意，而是後人出自善意，為了規範人類不使其作惡，所立下的遵守規則。

有人也同意我的看法，認為金剛經裡並沒有提到六道輪迴，重點是：一切唯心所創造，也就是，思維決定了你的顯化。

規範、法則就像是法律，它對某些人會產生效用，對某些人卻不會。因為對於一個自律的人而言，他知道什麼該做，什麼不該做，自然不會觸犯法律，不需要法律來規範。

但是有些人無法自律，需要法律來制止他做侵害別人的事，於是才會有六道輪迴的說法。關於這個論點，就留給大家一個想像空間吧！

在一些我經手的個案中，也會發現，有些人因為親人走得早或突然，而有所惋惜遺憾，甚至因來不及送對方一程，有著很深的愧疚感。事實上這都是靈魂的計畫，真正的原因只有宇宙造物者及當事人的靈魂知曉。

以身心靈層面來解釋，身、心、靈，三位一體，這當中以靈魂為最大，死亡都是經過靈魂同意的，靈魂知道自己要在哪個地點、時間、以什麼速度、哪種方式離開。

靈魂決定何時進入身體，何時走出身體。當今世的學習告一個段落，肉體開始滅亡，靈魂就可畢業，進階下一個學習，所以死亡是一個階段的結束，也是另一個新生的開始。

也許有人會問，自殺也是靈魂的決定嗎？

在我們的社會裡，有些人對於自殺有許多負面的批評、譴責，甚至說，如果做這樣的事，在生命結束後會遭到老天爺的處罰。

我對這件事沒有評論，這是當事人的選擇，就像有人不想再上學，想要休學可以嗎？

當然可以。

現在想暫時停止，是當事人的選擇，因為人有自由選擇權，靈魂提供了既定的路線圖，但人仍然可以他想要的方式，走自己的路。有些人因為活得太痛苦，而選擇結束生命，但是生命結束後，在世上的功課若沒完成，還是會透過轉世回到地球，將功課繼續做完。

在有些個案中，也有帶著愛的子女，願意為父母受苦，承擔一切責任，甚至願意犧牲自己，來延續父母的生命，對這樣的事件，我也有話要說。記得我在年輕時，看見父親因病而受苦，曾經暗自許下一個願望：希望老天減少我的壽命，來延長父親的性命，讓他多活幾年。

現在的我深入身心靈領域，也理解，當時的想法是出自孩子對父親的愛，但在宇宙法則中，這樣的許願其實是踰矩的。因為生死，有著每一個人的靈魂計畫，旁人是無法去代替、改變、干預或影響的，只能給予尊重與祝福。

生老病死是大自然的法則，有生必有滅，生生滅滅本為一體，生命本體只是一個循環週期，死亡不是句點而是逗點。能量的守恆定律告訴我們：能量不會消失，只是轉化形式，當能量脫離肉體後轉化為另一個形式，繼續它的旅程。

這種情形就像是，我和幾個人在客廳熱鬧的聚會，之後我單獨走入了隔壁的房間，客廳的人看不見我，認為我消失了，於是感到難過而哭泣。但事實上，我並未消失，而是在不同的空間移動。

此處的不在，是彼處的存在，當時間一到，我又走入下一個房間，於是這房間裡的人笑了，因為他們看見新生命的誕生。

上述的比喻就是生命從結束轉向新生的過程。能量轉移到平行宇宙、之後進入新的肉體，又展開生命的迴圈，就像四季的迴圈，在宇宙中來回，完成生命的循環，繼續它的旅程。

我很喜歡法國詩人夏爾．貝磯寫的一首詩，他所描述的就是生命能量的轉移。

〈我只是在道路的另一端〉

死亡沒有什麼，

我只是走進隔壁的房間，
請不要停止叫喚我的名字，
繼續談論我，
如同往昔一樣。
不需用特別的方式對我說話，
不需用儀式來慶祝或悲傷，
繼續笑著，
就像我們以往曾經擁有過的歡笑一樣。
請繼續微笑、思念我、為我禱告，
讓我的名字，在這間房子繼續被喚起，
就像以往一樣，
不需具有特別的意義，
沒有陰影的痕跡，

生命是持續的，

我們的連結並不會中斷。

為何我不該停留在你們的腦海裡？

就因為在新的這一刻，我不在你們身邊了嗎？

不，我未曾離開過你們，我只是在你們身旁，道路的另一端。

寫作的這段時間，我年邁的母親也正處於生命後段的安寧期，我每天都面臨隨時到來的死亡，所以感受特別深刻……

我每天與母親相處，看著她的身子逐漸虛弱，從以前一個人單獨外出、到拄著枴杖走路、一直到坐上輪椅。

我在照顧她的同時，想像母親從小拉拔我到大，一個母親照顧孩子的心情，而我現在為母親所做的任何事，只是重複著她以前為我做過的，這似乎是一種反哺與回饋。

每天當我親手為她蓋上被子，看見她安穩的睡容，我知道她睡得很放心。蓋被子這個溫馨的動作，是我年輕在海外獨處時，所思念的一個舉動。

憶起小時候在臨睡前，只要是母親親手為我蓋上被子，格外感到溫暖、安心，就可以睡得很好。每一晚，我都會在心裡悄悄說：「媽媽，晚安。」

這一段時間的陪伴，母親對時間越來越沒概念，常問今天星期幾？現在是何時？晚上還是清晨？以前用輪椅推著去逛市場，是她最快樂的時光，而現在的她，不管在外或在家，經常緊閉著雙眼睡著。

她起床起身似乎越來越困難，即使睡了很久，醒來仍然喊累，而不知何時開始，母親一起床就唱一段旋律：「解脫、解難！」

我很好奇地問母親，這首歌從哪裡學來的？

母親說這是她自己的創作。

我想這代表的意義不只是一首歌，而是靈魂的渴望。靈魂長久侷限在身體裡，是很大的束縛，靈魂其實渴望解脫，身體則渴望解除苦難。

有一天，我發現母親的精神突然變好，那不是身體的活力，而是生命的意志力。她的眼睛炯炯有神、瞳孔大而黑，我似乎可以透過眼神感受到靈魂，感受到它的如如不動、清楚明白，這樣的察覺也讓我了解靈魂始終存在。

生命最終的一哩路，周遭人的愛與陪伴，和精神上的信仰也成為巨大的支持力量，在此我也感悟到，人的生命最終仍要回到本質，走向與造物者的合一。

量子復活——輪迴轉世是真的嗎？

長久以來靈性與科學、唯心與唯物，總是處於互相對立與分離的狀態，人們因此各持觀點，爭執不休，只堅持自己所相信的，漠視或反對另一方的存在。

當然，對於一些超自然的現象，也被貼上怪力亂神、偽科學的標籤，而置之不理、斷然否定。然而現代的量子力學，經過研究證明，也預見了生命之後的狀況，並告訴我們：人類擁有靈魂、輪迴轉世是真實的。

而這個研究背後的理論基礎就是「波粒二象性」。量子學家告訴我們，「波粒二象性」是兩個基本微觀粒子（如光子或電子），同時擁有粒子性與波動性，波粒二象性是微觀粒子的基本屬性之一。

從這個概念延伸出「身體靈魂二分法理論」——粒子就是身體（物質），波動就是靈魂、意識（能量），兩者均同時存在，這也證明了，人既有身體也有靈魂。

當生命結束，人們瀕死的體驗就是，量子物質形成的靈魂離開神經系統，而引起大腦微管量子引力效應，進入自然界。更確切地說，人處於死亡邊緣的時候，大腦微管內的量子意識會離開身體，但它並非消失不見，而是回歸到宇宙當中。

靈魂離開肉體之後，累積在內的信息不會消失而是留下來。

要解釋這個概念，可以用電腦來作比喻。大腦就像是資料夾，儲存了一個人在世時，所有的經驗與體驗，但為了長久保存，這些資料還可以儲存在另一個空間，那就是——電腦硬碟，而這個電腦硬碟就是靈魂。

若有一天，資料夾被刪除不見了，資料文件不會不見，它只是被儲藏在硬碟裡，當我們打開電腦硬碟，資料就會再次重現。

這也就是說，即使資料夾消失，硬碟裡的資料仍然還在，就算身體毀滅，靈魂仍然存在於精神量子領域。

當粒子化為波，波又體現成為粒子，就是人死後靈魂離開肉體，等待下次輪迴轉世，在適當的時間，靈魂又進入肉體，再度成為人類誕生於世上，這個轉化過程就是量子復活。

而在量子復活（輪迴）中，靈魂知道過去所有的資料，但是靈魂進入肉體後，大腦不會保有前世記憶，為的是讓我們可以在這個地球重新體驗，但也有少數例外，有些人會殘留前世記憶的碎片，這個現象特別是在兩、三歲的幼兒童身上可以觀察到，七歲以後的孩子，記憶碎片也會隨著年齡的增長而逐漸消失。

深度的潛修者，在世時就知道下一世要往哪裡去，例如，喇嘛生前會告知弟子，下一世要在哪個地方誕生，當弟子尋訪轉世靈童，小孩要指出喇嘛前世所用過的用品，例如，憑藉個人前世的記憶，在一堆看來外型相似的眼鏡、法器、手杖中，辨認哪一個是自己以前用過的。

除了認出生前用品，靈童也會講出非一般小孩講的靈性智慧話語，例如，以前的我很大，現在的我好小。這些話語也是參考認證的依據之一，接下來靈童會無誤地認出前世的弟子，或身邊重要的人，另外高僧也會參考喇嘛前世的生平、喇嘛弟子的夢境……等等，找出靈童授證給他。

轉世輪迴對於世上的人有著重要的意義，如果在世上，能覺知自己所創造的原因和結果，並願意為它負責從中學習，在一次又一次的經歷中醒悟、讓自己越來越澄淨、提升，就能夠在地球結業，超越生死的輪迴。

從靈魂碎片理論中我們了解，在轉世的迴圈中，可以憑藉自己的意念和心智，決定下次轉世的地點、時間、家人。靈魂不需立即輪迴，可能被俗世束縛還有掛念，在地球存在一段時間後才會離開，前世有大成就的人，可以根據自由意志來決定是否為了幫助眾生乘願再來，或回到造物主的光中，結束輪迴之旅。

不少研究指出，幼兒的胎內記憶是最清晰無誤的，孩童在兩三歲的時候，最能夠憶起出生前的種種經歷，我們也可以透過孩子一窺前世或轉世祕密。

根據孩童的胎內記憶，他們說，從天上飛到媽媽肚子裡時，住在一個暗暗的房子，四周都是水，必須握著一條繩子（這就是臍帶），雙手不停地滑動，就像游泳一樣，在天上下來之前是由天使（這是小孩對高靈的稱呼）陪伴他們，有次序的排隊，在眾多人當中看到自己喜歡的媽媽，與天使一同決定，進入媽媽的肚子，成為她的小孩。

根據孩子的敘述，這就是轉世的開始，特別是兩到三歲的孩子，與父母的對話中，會透露「我已在天上見過你們」，有時會敘述自己的前世，是哪個國家的人、職業如何……等等。

有一個媽媽說，她三歲半的孩子，從來沒有學過英文，最近突然以英文名字稱呼媽媽，她問，這是誰的名字，孩子說這是你以前的名字。這位媽媽也說，孩子有主導力，玩遊戲時常常把父母喚到面前，把他們當學生教導，這位媽媽笑著說：「我覺得我的孩子前世身分比我高，可能是我的父親或母親轉世來的。」

有一些研究指出，一群人的靈魂會一起出現在不同世的生活中，我們稱為「靈魂伴侶」和「靈魂家庭」，人們的關係可能會隨著每一世的生活而改變，例如前世是你的父母、今世是你的孩子，前世無法相聚的、今世就會在一起，前世是仇人、今世是恩人……我想沒有人願意一直演同一場戲、扮演同樣的角色，所以一切都是有可能的。

在這裡要提出一個概念，墮胎或流產，常常引起父母的內疚，特別是有愛的父母，很多人在失去孩子後，承受精神上、心理上的極大痛苦。在靈魂層面，並沒有痛苦或內疚，對於小靈魂而言，只是出發前往目標的途中，又再返回，當然，在這裡並不鼓勵墮胎，只是希望帶著愛的父母不要因此感到痛苦，可以從自我束縛的囚牢當中釋放出來，若緣分到了，小靈魂還是會再經過轉世，回到父母身邊。

來到這個物質世界，許多人也看到前世帶來的天賦，每個人擁有不同的能力，在出生之前，靈魂會選擇一項或多項的天賦，幫助你經歷體驗。例如，有些人在幼童時期，就展現了音樂天賦，對音樂充滿熱情，不需要特別努力，就能把它做到極致。有些人有療癒的天賦，例如，醫師、治療師、整復師、按摩師等，他們的任務是為了安慰他人、療癒他人。另外父母或心靈老師也會運用他的天賦，來幫助周遭的人，完成他們生命計畫。

不管你有什麼天賦，都要善加運用，透過天賦發揮創造力，活出自己想要的樣子。

有些人會在夢境中，看見自己是哪一國人，身處哪個國家，自己會被吸引到某些人或某些文化當中，即使這些是你以前從來沒有接觸過的；有些人很快地掌握某樣外語能力，對其他語言則感到困難；有些人對歷史事件感到興趣，例如常常在夢境中看到古羅馬、埃及、或中國古代時期的人物景象，我自己以前則常夢到寺廟、師父，十幾年前在國外，看到兩、三個出家人走在街道上，突然有種想要跟隨他們的衝動……這些都屬於前世記憶的印記。

你是老靈魂嗎？

有一次在電台接受訪問，主持人說閱讀過我的第一本著作《遇見豐盛的自己》，很訝異如此年輕的我，怎麼會知道這麼多關於生命、宇宙的事？那些關於人生的事，也是她長年在探索的，一直到最近才有所領悟。

我望著她微笑，思索著如何回答這個問題？

我第一個念頭是，如何定義年輕？

論年齡我並不算年輕，但可能我的外表看起來年輕，我注視著她說：「有可能我們年齡也相差不大。而懂這麼多生命的事，其實不在於年紀的多寡，而是……」我聽到自己快速的吐出三個字：「老靈魂。」

她好奇地問：「什麼是老靈魂？」

「累世輪迴多次的成熟靈魂。」

從小到大，我感受到自己的內在，有一種超乎年齡的成熟。我身邊常有年紀大我二、三十歲的朋友，他們常常說我有種安定、平靜、沉穩的因子，不太受外境影響，有一種如如不動的本質。

很奇特的是，當我接觸跟生命、靈性、宇宙有關的議題，很容易融會貫通，有時也會講出朋友、甚至連我自己都覺得驚訝的智慧話語。其實，從來沒有人告訴我老靈魂的字義，也不曾研究探討，這是我從小到大感受到的自己，我知道靈魂與身體的年紀是有差別的。

人類的年齡基本上可分為三種：生理、心理以及靈魂的年齡。

生理就是我們實際的年齡，心理是在心智上所認知的年齡，譬如在年輕的時候，我們急著長大，在年老的時候，又希望自己年輕，而靈魂的年齡就是，根據輪迴的次數所累積的年齡。

年輕的靈魂來這個地球輪迴的次數較短，其特徵是即使身分證上的年齡很大，但其思維卻很年幼，不想解決問題，有些人過一天是一天，平白浪費了許多時間，把時間浪費在追劇、瞎忙、玩電腦遊戲，做不重要的事，他們從來不會想去探索生命，一味地追求物質上的滿足與快樂。

年輕的靈魂缺乏安全感，內在常常有不安定感，覺得自卑、缺乏自信、無法看到自我價值、恐懼新事物、不敢冒險、覺得無聊、感到空洞空虛、容易受情緒影響、視利益為目的、小事看得很重、喜歡依賴他人，無法面對問題、無法管理自己的情緒、堅守固有思維很難改變、無法跨越性別，種族，宗教的鴻溝，對生命議題、心靈自我成長不感興趣。

我曾經遇到一位實際年齡近八十歲，但是身體住著年輕靈魂的案例。他擁有博士學位，有三家連鎖藥房，專業領域及知識很強，但在生活、靈性層面卻很弱。因為他的內在缺乏安全感，以至於處處想掌控，雖然女兒、女婿都是專業的藥師，已經可以在家族企業獨當一面了，但他還是以老闆身分自居，不願放手。他認為只有自己才能獨當一面，家族企業沒有他的領導不行，於是常常與家人發生口角衝突。

另外，他也堅持己見，固執到不行，無法跟他談心靈、自我成長，他從來沒有想要讓自己提升。最後，聽說他罹患重病，才感嘆人生變化無常，自己藥房裡那麼多的藥，沒有一樣能救他自己。他的太太轉述說，先生離世之前，一時之間找不到內在的心靈力量，不知何去何從，顯得倉皇，他那時才很懊悔，突然想要了解生命、心靈的議題，但已經太慢了，只能等待下一世繼續學習，這是我周遭所知道的年輕靈魂案例。

至於老靈魂的特徵，他們有著超乎年齡的成熟穩重與智慧，超乎常人的洞察力，不太會被事情的表象矇蔽，往往一眼就能看清事實真相，如果孩子擁有老靈魂，與年輕靈魂的父母一起生活，就很容易因為看法迥異，而感到受傷、不被了解。

敏感性也是老靈魂的特質，因為感受較一般人細膩敏銳，對於人事物或環境較敏感，警覺性也較高。常常懷抱著世界大同的理念、有世界觀、悲天憫人、同理心，老靈魂願意付出大愛，關心他人的福祉、沒有分別心，除了自我實現也願意幫助他人。因為願意付出，所以選擇的工作也跟利益眾生、影響大眾、服務他人有關。

老靈魂，常會感到孤單，喜歡安靜而不喜歡熱鬧的地方，所以不太容易融入大團體，也不擅長人際關係，有時略顯孤僻，他們不太管別人怎麼想，而是真實地做自己。

喜歡結交年齡較大、生命經驗豐富的朋友，或具有智慧、成熟穩重特質的朋友。

不斷有新的洞見，取代舊有的思維模式。相信自己的直覺與靈感，對能量感受敏銳。

在別人需要幫忙時，老靈魂願意伸出援手，給予協助，也像生活諮詢師，常常是別人請教的對象。

他們超脫世俗較不看重物質層面，不追求財富、地位、名望，喜歡簡單、純淨、不受拘束、自由自在的生活。

他們喜歡接近大自然，喜歡平靜詳和的氛圍，也懂得一切萬有都是一體的，在貼近大自然當中交換宇宙能量，感受到宇宙合一。

老靈魂有時在靜心、冥想、清明的睡眠狀態中，會看到自己的前世。有時候我在疲累或者想要一個人安靜的時候，自己盤腿而坐，進入冥想的狀態，也在這當中常看到自己遙遠的記憶，看到自己似修行人般的打坐。

我班上有許多學生就是老靈魂，他們喜歡上課學習、追求內在知識與靈性成長。喜歡自我成長、自我認識、探討生命意義、和宇宙與靈性有關的議題，快速走在靈性之旅，也渴望與神聖宇宙、高我連結，找到回家之路。

常常有人問我，希望幫助他人走在靈性旅程，但若對方非常頑固，不願接受幫助或聽取建議，怎麼辦？

這個情形就是老靈魂遇到了年輕的靈魂，老靈魂的任務就是帶領年輕靈魂成長，但也要看對方的意願，若對方的自我成長速度慢，又不接受幫助，就表示時間還沒成熟，對於這樣的自由意志，我們也要尊重而不勉強，相信只要時機成熟，在適當的時間，自然有適合他的方式成長。

此時此刻才是真實的

一沙一世界，一花一天堂；無垠握掌中，剎那即永恆。

——英國詩人　布萊克

愛因斯坦曾說，對於我們篤信物理學的人而言，過去、現在和未來之間的區別只不過是一種幻覺而已，儘管這種幻覺有時還很頑固。

原來時間是一種幻象。

對於身處三維空間的我們來說，我們從過去、現在，一直前進到未來，沒有走到未來，就無從知曉過去。因為三維空間受限在光速之下，所以這是「有」的世界，有始終、上下、左右……時間是被分割的。

從量子力學的超弦理論來看，三維空間的背後本源是多維空間，是屬於「無」的能量，過去、現在、未來都是渾然一體。如果能夠進入其中，則能同時知曉過去、現在、未來。所以從更高維的角度來看宇宙，則生死存亡、過去現在未來，實為一體，不可分割。

量子力學中著名的雙縫實驗讓我們明白：這個世界本質是假象性存在的。這種假象有如電腦遊戲程式，一切都是因意識的觸發使能量態凝結，轉為物質態才存在的。

把這個概念延伸到我們的生活，就可以看出原來自己就是最大的敵人，講的就是頭腦：每次只要頭腦一動，就有小劇場，有故事出來。這就像玩電腦遊戲一樣，因為你開機，而開始這場虛幻的遊戲。

因此我們要更留意，自己頭腦的小劇場，正在訴說著什麼故事？

在這故事裡是喜悅的，還是痛苦的，是喜劇，還是悲劇？

每一個人都有他的慣性思維，有時很難從自我思維跳脫出來，頭腦把我們帶離現在、回到過去，即使過去的那一件事情，已成事實無法改變，我們還是不斷緊握著不愉快的經驗，不讓它成為過去。

人之所以受苦，是因為我們的頭腦總是投射過去，擔心未來，在兩邊擺盪，又無意識地進行嘈雜的相互干擾，在不斷重複反芻當中，頭腦會認同過去的經歷，把它誤當成現在的實況，在這樣的幻象中，我們開始在頭腦的小劇場中痛苦，而忽略了真實的這一刻。

當我們了解頭腦的機制與幻象，覺知地從思維中抽離，會發現你不等於你的頭腦。當你成為一個觀察者，與大腦拉開距離，停止無意識地重複過去，觀察它而不認同它，就不受其干擾，而能用更客觀的角度看待它，超越它。

當你對頭腦的幻象有所了解，就可以看見痛苦與問題來自於自己，而這一刻就是終結痛苦的開始。此時，你就自由了，你開始接受此時、享受此刻，在每一刻做好你想要做的事，而不會有負面情緒的產生。

觀察者與被觀察者

想要對自己有更深入的認識與了解，「察覺」是很好的練習。這個練習就像觀看電影一樣，想像自己坐在觀眾席，看著舞台上的演出，同樣的，也可想像與自己拉開距離，以旁觀者的角度來看自己，開始察覺自己的想法、語言、行為。

察覺，幫助我可以從更高的視角來看人事物。當我與自己抽離，就能保持覺知——我既是演戲者，也是看戲者。這讓我不至於太入戲，陷在一個虛擬的角色裡走不出來，也不會因被頭腦主導而太痛苦。成為觀察者的好處，是讓我們更能看清楚自己與他人、事實與真相。

例如，從關係而言，若無法成為觀察者，我們就很容易堅持己見，與他人爭執我對你錯。

當你可以抽離自己，成為旁觀者，成為你與他之上的第三人——就像兩方足球隊員你來我往，競爭激烈互相纏鬥時，有犯規的、有誤踩界線的……這時就需要一位公正的裁判，也就是中間人出來，可以站在中立的角色，客觀地看見一切發生。

觀察者與被觀察者，是那麼的重要，人極容易被外境所轉移，但如果可以常常用觀察者的角度來觀察自己與他人，那麼就有了高度，看事情也較為客觀。

當我可以觀察自己與他人，而非只以自己的想法為出發點，那麼，自己也就不容易隨著情緒起舞。這個練習幫助我在日常生活中，很快地察覺、看見、處理而後釋放。

接下來與大家分享最快速有效的察覺練習法。以下練習可單獨進行，或者帶領團體一起做。

一分鐘靜心察覺練習法

找個安靜的地方坐下來，深呼吸吐氣，放鬆自己，輕輕地閉上眼睛，放下所有的事情，將專注力放在自己身上，讓自己靜默下來，以一分鐘的時間來掃描內在，去看看我們內在的動與靜。

上課時，帶領同學們做這個練習後，我問大家，在這一分鐘察覺到什麼？

有人說，眼睛閉起時，察覺聽到外面有人走動，還有冷氣機的聲音，感受到冷氣有點涼，想到早上沒有吃飽，待會兒下課要去哪裡吃飯，也有短暫的幾秒時間什麼都沒想，完全放空。

有人說，閉上眼睛後，看著自己的身體，全身掃描一下，察覺到自己的頸部、背後略微緊繃，於是告訴自己放鬆，這些緊繃的地方，也慢慢放鬆下來，感覺身體比較舒服。

也有人說，她專注力放在呼吸上，感受到自己的一呼一吸，最後完全靜下來的時候，好似這個「我」不見了，只剩下生命與呼吸的融合。她不懂，為何如此，問我這是什麼狀態？

我分析這些案例，聽到外面的聲音、感受到身體、冷熱溫度，這是意識用五官感知身體，來覺知外面這個世界。

以時間軸來說，「早上沒有吃飽，待會兒下課要到哪裡吃飯？」這句話，就是來自頭腦想法的聲音。頭腦常常游移在過去與未來，想到「今天早上」，就是回憶過去，想到「待會兒下課」，頭腦又游移到未來，在這裡我們看到了頭腦常常在過去與未來兩邊游移、擺盪，無法處於臨在。

察覺到有幾秒鐘的時間什麼都不想，就是頭腦停止思考，當頭腦沒有想法，就不會起作用，平靜了下來，所以也就不會有痛苦煩擾。

察覺到了身體，是誰在察覺呢？「忘了自己，感覺到是生命在呼吸間」、「我忘記了我自己」，是誰在跟你說話？是誰在觀察你的身體、你的呼吸呢？

答案是意識。

這個練習讓我們觀察到自己的意識、頭腦、想法、寂靜、放空……

除了這個練習之外，我們也可以做更進一步的進階察覺法——清理思維，讓我們來看看下一段的練習。

如何停止頭腦中喋喋不休的聲音？

有位學生說，他的念頭很多，頭腦總是不停地打轉，沒有辦法好好靜下來，想要靜心很不容易，該怎麼辦？

我建議他做清理思維的練習。

我們每天不是都要清理冰箱、整理家裡嗎？頭腦也是如此。頭腦也需要整理且過濾訊息，就像清理家裡一樣，該留的留下，該清理的就清除。

什麼是該清理的？那就是察覺負面信念與情緒。

每一個人從小到大，在家庭、學校、社會環境的教養與影響下，所形成的種種制約，成為深藏在潛意識裡負面信念，影響到我們對事情正確的認知。許多人無法建立自信、自我價值觀，都是來自這種無意識的自我譴責、自我暗示。

去察覺有哪些想法是負面的，令我們不舒服的，可以寫下來審查看看，有哪些話影響了你。例如：

- 我很笨。
- 我不夠好。

- 我不值得。
- 金錢是骯髒的。
- 我不行，辦不到。

寫下來之後，請在心裡把負向句轉換為正向句，或念出來也可以。

- 我很笨。↓我是聰慧的。
- 我不夠好。↓我夠好。
- 我不值得。↓我值得擁有所有美好的事物。
- 金錢是骯髒的。↓金錢帶來豐盛。
- 我不行，辦不到。↓我可以，我辦得到。

1. 「我很笨」：這句話是一種自我批判與自我攻擊，經常對自己說這樣的話，不僅感到受傷，也無法肯定自己、接納自己，長久下來，會影響到一個人的自信與自我價值感。

請改為：「我是聰慧的。」在這個世界上，每一個人都是獨一無二的。有人是藝術家、有人是企業家、有人種菜種田、有人會蓋房子……每一個人都有專屬於自己的天賦、才能、優點，是別人無法比擬的。專注在自己的強項上，則會看見自己聰慧之處。

2. 「我不夠好」：是源於內在的匱乏感，也是一種錯誤的認知。凡事盡力而為，即使有做不好或犯錯的地方，也不要譴責自己，而是知道，每一次的嘗試，都是經驗的累積，也是讓下一次做得更好的方法。

請改為：「我夠好。」去想想你所做過的事，有什麼是做得不錯的？別人稱讚你、欣賞你的地方是什麼？去看見自己的好，好好疼惜自己、愛自己，就是給予自己最好的禮物。

3.「我不值得」：這句話也是源自於後天的制約，所形成的錯誤認知，它讓人們拒絕了應有的豐盛，無法過著美好的生活。如果這句話，已成為內在信念，要趕快把它轉化過來。

請改為：「我值得擁有所有美好的事物。」每一個人都值得擁有豐盛，享有美好的事物，這是老天賜予的禮物，也是每一個人應該享有的權利。

4.「金錢是骯髒的」：我們也可以把金錢視為神聖的。這也就是說，凡事沒有定義，重點在於你如何定義它。你選擇相信什麼，那件事就會顯化，成為你所相信的那樣子。

請改為：「金錢帶來豐盛。」金錢是一種能量，它也是愛的代幣，好好的正確運用它、對待它，財富也可以為我們創造豐盛與富足。

5. 「我不行，辦不到」：這一句話也會減弱自我價值，以及內在力量，事實上沒有什麼是不行、辦不到的。不要讓負面信念內化，阻擋了你的契機與行動力。

請改為：「我可以、我辦得到。」耶穌說：「如果你們有像一粒芥菜種子那樣的信仰，就是對著一座山說：『從這裡移到哪裡。』它也將離開，而且在你們之中，沒有什麼是不可能的。」

以上就是察覺與轉換的練習，負面信念就像花朵旁邊的雜草，需要不時地清理、拔除，才能讓花朵開得更好。

我們有時也可看看這些負面標籤，是打哪兒來的呢？以下是我曾輔導過的案例：

小安最近想學開車，公司有位熱心同事小吳，自告奮勇地說，願意提供自己的車子，在下班後教小安開車。

小安知道後非常感動，也很感謝這位同事願意主動幫忙。於是，之後的幾天，下班後常常看到兩個人的身影，一個努力學習，一個熱心教導，兩人的互動都不錯。但有一次，小安無法集中注意力，車老是開不好，於是小吳對小安隨口說了一聲：「一直教都教不會，你實在有夠笨啊！」

這句話讓小安如同洩了氣的皮球，再也提不起勁來，瞬間失去了對開車的熱情，他私下也咒罵自己：「這一點小事都學不會，怎麼如此差勁！」

那天回家後，小安心情極差，也以身體不適為由，告訴小吳暫時停止學開車。這樣的轉變，讓小吳霧裡看花，摸不著頭緒。

小安只覺得很難過、沮喪，自己也不曉得發生了什麼事？為什麼他那麼在意小吳那天講的話？於是他來找我，想知道原因。

聽了小安的敘述之後，我發現小安對「你真笨啊」這一句話非常介意。我請他回顧一下，在生命過往的經驗中，是否有人對他說過類似的話？

他回溯了一下，說：「有。」

原來，在童年時期，小安學騎腳踏車，父親就在一旁教導，但是，父親心情起起伏伏、陰晴不定，有時一急起來，就亂發脾氣、隨口罵人。印象最深刻的一次是，他在學騎腳踏車的時候，父親很嚴厲地批評他「你實在很笨」、「沒有用」，這些話打擊了他的信心，讓他很沮喪，覺得自己不夠好。

雖然，到最後他學會了騎腳踏車，但是那個陰影仍然揮之不去，一直深植在潛意識中，直到長大。而小吳的事件，其實是連結了過往的經驗，讓他無意識地對號入座，敏感的內心，又經歷了一次的受傷。

當他了解事件的來龍去脈之後，我讓他跟內在的自己對話，告訴自己：「現在的我已經是個大人了，不是當年無助的小孩，我有力量保護自己，現在的我並不笨，我願意釋放過去的負面信念，重新建立新的正向信念。」

之後，小安也跟小吳道歉，說明原由，小吳表示諒解也承諾，日後不再說出批評他人的字眼，於是兩人又恢復友好關係。

許多的負面標籤，都來自於生命的過往經驗，內化於頭腦中，成為我們所相信的事實，負面標籤所帶來的負面力量，會嚴重影響到情緒與生活，所以察覺以及轉化信念，是非常重要的習題。

釋放未知的擔憂

除了負面信念之外，最常見的是人們對未知的擔憂。我們來看看以下的案例：

有一陣子沒有見到麗莎了，那天她來找我，訴說著自己的近況，也談到最近心情不好，感到煩心焦慮。

我問她：「為什麼？」

她說，一年前，她還是某某公司的人事部經理，那時薪資穩定，生活也過得不錯，活得相當有自信，但是好景不常，因為高層人員的調動、人際關係的問題及壓力，最後無法勝任工作，便自行提出辭呈。

辭職後，她一直待在家裡，沒有再找新工作，但是，長期下來，她感到茫然……周遭的好友，不是專心在事業上打拚，就是在家照顧小孩，她與先生膝下無子，不需照顧孩子，這幾年老公事業蒸蒸日上、飛黃騰達，也將大部分的時間與重心放在事業上。

而她呢？她不知道自己要做什麼，把重心放在哪裡？感覺自己似浮萍般，隨著生活飄來蕩去，整天只能茫然地在家追劇、看手機、沒目地的出門瞎逛……

她嘆了口氣，接著說：「不知道自己還能做什麼？這些日子以來，一直感受不到自我價值與存在感，不知道活著的意義是什麼？」

聽了這些敘述，我問她：「你想要工作嗎？」

「很想啊！我一直想找跟人資有關的工作，但是一直不敢去應徵。」

「我記得你在半年前就曾經說過，要找這方面的工作，為何遲遲沒有行動？」

她困惑地說：「因為我有太多的擔心……擔心找不到工作會受挫；也擔心若有了工作，沒把事情處理好，別人會嫌棄我、不喜歡我，如此一來，不是更打擊自己，讓自己更沒有自信……每次一想到這裡，我就對工作卻步了。」

聽完，我知道問題出在哪裡了，便一針見血地對她說：「有沒有發現，頭腦很喜歡編織故事？你剛剛所講的，都是關於未來、還沒發生的事。但是，頭腦裡面的故事栩栩如生，讓你信以為真，遲遲不敢行動，阻礙了找工作的意願。」

她回想自己所講的那些話和我的分析，好似領悟到什麼說：「好像是耶！」

我提點她，既然頭腦這麼會編故事，那麼，為什麼不換好一點的版本呢？

「是嗎?我可以換個版本嗎?」她驚訝地瞪大眼睛，沒想到還可以這麼做。

「當然可以，一切就從轉換想法開始。你可以告訴自己，找工作會順利，從事新工作，也能得心應手。」

最後，我告訴她：「先轉化你的想法，將注意力聚焦在你所要的，讓那些想像的、無謂的擔憂放一邊，這樣你才能開始去行動。人都是在『做』的過程當中，慢慢透過累積經驗，來肯定自己，而你要的自我價值以及存在感，就會在此時出現。」

聽完這些話，她的臉龐逐漸放鬆、嘴角上揚、露出了笑容說：「我真的要給自己一個新的開始，去找工作了。」

上面的案例，是來告訴我們，想要讓生活過得好，就要了解頭腦的機制，因為我們的思維有80%都是負面的，如果沒有過濾、審查，很容易被負面思維所影響。

關於未知的擔憂，先去分辨所擔心的事情發生機率有多高？這是急需解決的問題，還是只是想像中的擔心？極有可能會發生的事就去處理，對於那些想像來的擔心，就放下它。時時察覺釐清，如此才能輕鬆自在地過日子。

另外，在日常生活中也要學習專注，也就是將注意力放在一件事情上，不要分心。我們常常做這個、想那個，處在身心分離的狀態，當我們全心全意將注意力聚焦，也比較能夠減少無謂的能量耗損，保有良好能量。

我也覺察到，一旦淨化思維，就可以保守我們的能量。如此一來，不只在白天能夠聚焦，擁有專注力，晚上能很快地入眠，安穩地睡著，睡眠品質也會變好，不會有過多的白日夢或惡夢，且睡眠時間不需要過長。

常常過濾思維、釋放不需要的想法、做靜心練習，會讓頭腦越來越淨化，也較能回到本質上的清靜。這讓人進入心靈世界，而這個世界就是自己最佳的療癒之地，也是能量加油站，在這裡能量是細微且高頻的，在此休憩的時候，你將會感受到喜樂，得到內在的平靜。

這世界真有神嗎？

要證明上帝存在很困難，但是要證明上帝不存在更加困難。

——科學家　愛因斯坦

這世上到底有沒有神？

你如何定義神？

你心中的神，是個穿著白袍，帶著慈愛的光，神聖的造物主嗎？

還是，眼睛半閉，在清淨意境中冥想的菩薩？

我用了半輩子在思維這個問題，一直到後來才發現「神」的祕密。

當我們在日常生活中看見一本書、電腦、茶杯能安穩地放在桌上，不也是一種力量在安排？

當我們在大自然裡，不管是看見河邊的青草、廣闊的海洋、風中翱翔的鳥、花瓣上的露珠、奔馳的動物，在它們身上，同樣也看見宇宙一切萬有，用物質以不同的組合、密度去結合，這就是神的世界。

宇宙星球數量何其多，居然不會碰撞在一起，而是依序於其軌道上，精確而規律的運行，這種秩序與安排，背後就是神的力量。

科學家在科學研究達到最高峰，仍無法解釋宇宙現象的時候，他們最終的答案，就指向神。霍金說宇宙的起源最後歸於神學領域，就是上帝創世。牛頓也曾問：宇宙萬物為何如此井然有序？太陽與行星的引力從何而來？晚年解釋科學的時候，問他地球宇宙為什麼會轉動，他說有一隻上帝的手在撥動。

開車要有駕駛，開船要有舵手，機器轉動也需要操作者，那麼到底是誰在主導宇宙這個大機器？雖然見證到宇宙的種種奇蹟，但仍然禁不住想問，那位主宰者是誰？神在哪裡？有形體嗎？為什麼看不到祂？

為什麼我們想像祂有形體，是因為要看見，才能夠說服自己，祂是存在的。但是科學家窮盡了科學、物理、世界的客觀規律後，終於發現，很多東西是看不見的，但那些看不見的東西，例如，宇宙有百分之九十五為暗物質、暗能量，幾乎主宰了整個宇宙的運動和演化。

神並非要被看見，也無須具有形體、或只用單一名詞來解釋，祂具有多重身分，可以用不同的形式來展現自己，古今中外不管是哪個國家、宗教、學說、理論，對於神的名詞解釋或想像不盡相同，但最終都是殊途同歸，本質都是一樣的。

古印度哲學文獻《奧義書》說：「汝就是彼，我就是那個，我即是梵。」這個「梵」的意思就是純粹的智慧、心識。

佛陀一出生就說自己是「天上天下，唯我獨尊」，這句話真正的意思是，天上天下最珍貴為佛性，所有眾生本自具有的佛性，跟佛沒有差別。

佛教的第八識，阿賴耶識，也是說這是人的一切意識中，作用之最強者，故又稱為識主，是宇宙萬有之本。

西方基督教所言的「靈魂」，在一定程度上來看，就類似阿賴耶識。

量子力學的電子雙縫實驗發現，除了物質與能量，還有一種觀察者的力量，可以把物質轉為能量，這就是神、意識、靈魂。

所以神就是：造物主、上帝、佛陀、高我、意識、靈魂、神性、佛性、本源、真實的自己。

許多人窮盡一輩子，透過尋找上師、導師、旅行、朝山、潛修、閉關、冥想……等要找到神，找到答案。但是，神並沒有具體形體，祂不需要往外找、不在遠處，而在每個人身上，在你之內。

每個人都是神的孩子，是神聖本體中所分裂出來的小碎片。我們的本源都是一樣的，每一個人內在都有神性的本我，神從未離開你，只有你忽略了祂的存在。我們就是大海裡面的一滴水，也是一滴水在大海中。

科學家認為，從量子力學來看，所有的基本粒子都不是分離的，而是更大整體的一個小部分，而宇宙之外是一個像膠捲的2D平面，而我們這個世界就是2D平面的投影，不只與彼此為一體，還和全宇宙所有的生命、一切萬有，密不可分。

當我知道除了有個人意識，也有群體意識，你、我、他本來就是一家的，那麼為何不可以用意識來溝通？彼此問候又有什麼不可以？於是我突然明白我之前所提到的夢境、第六感、直覺靈感都是互相連線的，也是我們進入了多維的空間、全息的宇宙，互相關聯的一個整體當中，就像雲端漫遊一般，從這裡傳到那裡，是可以交流的，於是所有的超自然，都變得很自然。

人們來到這個世界都有使命與任務，也以不同的方式來體驗自己，最終的目的就是學習成長與看見愛。當我們看到一體的概念，就不會感到孤單；當我們記住自己巨大的神性，則不恐懼。

個人意識與集體意識，可以互相穿透、連結，產生共鳴與能量共振。所以既然是一體，就不會有分別、分裂、分離，當我們知道愛是源頭，就不會因為這樣的分離而痛苦。

了解每一個人都是愛的存有，讓神真正的本質，透過我們，把無限的愛與光不斷擴展。如果每一個人開始連結神聖意識，與之合一，就形成一股很大的力量，在宇宙網絡中散發出好的能量以及頻率，這股力量就會充滿大小宇宙，無窮無盡地綿延下去。

讓一切自動發生，你不需要往外尋找，只要往內去發現。不需要苦苦追尋，用力掙扎，汲汲營營，努力不休，你什麼都不需要做，只要往內看，開始去觀照、須臾不離，就是與祂連結，就能感受祂的存在，神性就像神聖的光，這一道光將會滲透你所在的每一處地方。

如果意識處於靜默狀態，將會被吸引到有大量意識聚合之地，當我們在靜默中或冥想的時候，進入靈性的世界，於是我們感受到神在心中，與祂合一，在有限世界接引無限的愛與光。

宇宙因為意識而存在，生命源於宇宙，最後又歸於宇宙。實質上的生命與生物是真實世界的中心，宇宙本身並不會創造生命。意識使得世界變得有意義，時間與空間只是人類意識的工具。這種對宇宙的看法很接近宗教界和科學界對宇宙的認識，即創世主的意識創造了宇宙和生命。

當自己感受到與神性的一致，就能以神觀來看見這個世界。於是我就是宇宙、神性、每一個存有，是合一、是無限，是愛、光，我就是一。開始與祂連結，神就會與你同在。

第三章

與高我連結

打開能量天線

只有用心才能看得清楚，本質的東西，用眼睛是看不見的。

——《小王子》

現在人常講能量，但這世間真的有能量嗎？能量在哪裡？為何看不到？

人總相信眼見為實，對於看不見的東西，就無法相信它的存在，但是，存在的東西我們未必能感知到，人類的感知途徑無非是透過視覺、聽覺、嗅覺、味覺、觸覺，但是我們的感知還是受限的，例如聲音，只有在二十赫茲到二萬赫茲範圍內的波長，人才能聽到。

論視力，我們肉眼可見到的電磁光譜中只有百分之二，其他百分之九十八是看不見的，例如我們無法看見電磁波、紅外線、紫外線、X光，但這些卻可以從儀器中測量出來。

能量也是如此，它雖然無形、無味、無色、無法觸摸，但宇宙裡裡外外到處都充滿能量，它一直是存在的。特斯拉認為有能量，而後才有物質，物質就是從光的原始狀態乙太體的能量所創造出來的。

《道德經》也記載：「天下萬物生於有，有生於無。」我們這個世界，是「有」和「無」一起在運轉的。「有」，是我們能看得見摸得著的；「無」，是我們看不見摸不著的，但可以被我們的意識感知到。

關於能量，量子科學家說，一切都是能量，我們的存在比自己所知道的還更巨大。如果用顯微鏡觀察原子，可以看到無形、像龍捲風一樣的漩流，以及無限小的能量漩渦，稱為夸克或光子，這是組成原子的成分，這也就是說，原子是由無形的能量組成的。

關於能量，也有科學家透過高科技的體光攝影技術，將能量拍攝出來，證明能量的確存在。人體的氣場（aura），又稱為生物能量場（bio-energy field），不僅有顏色，也散發出強弱不一的光，能量根據不同的情感情緒反應，而散發出不同的顏色，及高低頻的振動等級。

當人們處於高頻，所產生的能量顏色也較亮；處於負面情緒或疾病因素，顏色則較為暗沉，還有一項有意思的研究是，如果一片花瓣被切開，在能量體的層面仍保持原狀，不會被破壞或改變，跟我之前描述的人類靈魂的說法是一樣的，也就是形體可改變，但精神體不變。

從宇宙一體的概念當中，也看到人類將宗教區分為不同教派，但對神的描述，在繪畫中都是一樣的。不管是佛教、道教、基督教、天主教、印度教、古羅馬太陽神、古希臘太陽神等等，神的頭上都有輝光、靈光。這也讓宇宙之子的我們相信，人類擁有神的ＤＮＡ，每個人都是光，也同樣具有神聖意識。

淨化氣場與負能量

我們生活在一個無形的能量場域裡，但身體有時候也會被外面的某些人干擾磁場，當內在心靈力量強大，負能量對我們的影響就不大。相對的，內在力量弱，就容易受到干擾，例如，恐懼、焦慮、勉強自己、期待別人的認可、無法拒絕他人、無法做自己等等，於是就會開始耗能。

當然，最好的淨化在於察覺與清理自己的信念與情緒，除此之外，也要對一種人——能量干擾者，保持適當界線。

什麼是能量干擾者？

你是否有過這種感覺，跟某些人互動交談之後，就有一種莫名其妙，精力被耗盡，很疲累被掏空的感覺？如果有的話，不妨看一看那些人是誰。

1. **掌控者：**希望你按照他們的意願，符合他們的期待，例如強勢的父母或伴侶。

2. **依賴者：**過分依賴你的家人、伴侶或好友，指望你做很多事，凡事都希望你來幫他們完成。

3. **貶低他人者：**有些人希望藉由貶低他人，來提高自我價值及優越感，他們讓你感到自卑以及不安全感，來達到自我的感覺良好。

4. **可憐的受害者：**有受害者思維模式的人容易怪罪外界，不斷地抱怨，只想將過錯推給別人，藉由扮演受害者角色來贏得他人的同情與憐憫。

5. **愛管閒事者：**有一種人喜歡說三道四，只管別人的閒事，而將自己的事放置一旁。

如果某個人或某個地方的能量場，讓你感到不舒服，那麼就與他們拉開能量距離，建立自我能量防護網，以下的方法可在平時多做練習。

建立能量防護網

預備式練習，站姿或坐姿：

先測量能量防護網的範圍，首先將雙手舉高，手肘打直，慢慢往兩側分開手掌向下，一直到平舉時，膝蓋彎曲，慢慢下蹲，手臂跟著往下，到完全蹲下時，雙手貼到腳踝外側，想像自己雙手可及之處有一個大圓圈，像一層厚實的防護膜保護著你，你安全地在這裡面。

現在，深深地吸一口氣，慢慢地吐氣，全身放鬆，想像你打開這個能量防護網，有一道白色的神聖光芒，自上而下包圍著自己，這一股能量充滿著你，滋潤你身體的每一個地方、每一個細胞、每一寸肌膚，上上下下，裡裡外外。你被神聖的光充滿、保護著，沒有人可以侵入你的領域，這股巨大的力量給予支持，你不受外界的干擾，安住在這個有光與愛的神聖能量場裡。

上面的方法適合用於一人獨處時，在放鬆的情況下所做的預備練習，接下來更進階的「負能量隔離法」，可用於眼前正在干擾你的人事物，例如，遇到他人負面的心理投射，對你的批判、憤怒、抱怨、貼標籤……等等。

這個方法可快速地用來隔絕負能量，拉開彼此距離，保護自己的能量場。

負能量隔離法

想像有一道隱形的牆，拉開你們兩個的距離，現在你可以再調整距離，他應該離你多遠，一直到你感覺舒服或安全為止。拉開距離以後，你們兩個各自有自己的能量圈，以及該有的界線，現在想像打開了你的能量防護網，讓白色神聖之光守護著你，在這個安全的場域裡，你得到了宇宙更大力量的守護，也隔離了所有干擾你的負能量。

除了這個方法以外，也要避免耗損自我能量：告訴自己做事做適當就好，別超越自己的底限，不要做過多，犧牲太多，以至於失去自己。再者，也不要讓別人擅自侵犯你的界線，干擾你的能量場。如果有人讓你很不舒服，可以少跟他們見面，如果是家人無法避免的話，多做「負能量隔離法」拉開能量場的距離。

除此之外，溝通也是一個管道，適當地表達彼此的需求，保有良好的距離，才是維持長久關係之道。當你開始落實以上這些練習以後，也會發現保持適當距離、彼此尊重，才是最舒服的相處方式。

除了透過意念來隔絕負能量，我們也可以運用一些物品，來清理及淨化負面能量。最需要清理氣場時，就是感到低頻能量時，低頻引發的感受身體最知道，例如，某個部位刺刺地、涼涼地、麻麻地、不舒服、身體有沉重感、煩躁、混亂、不安、無力感……等等。

淨化清理最簡單的方式是：

第一，鹽水療法，可用海鹽或黑礦鹽（請不要用食用鹽，因為精製過，效果不大）來洗手、沖澡，或泡腳。有些體質比較敏感的人，例如醫師、按摩師、能量療癒師、疾病照護、看護者，在接觸對方之後，容易被穢氣、負能量所影響。建議做完療法或照護後用鹽水（鹽與水的比例為一：十）洗手，回到家後以水盆裝滿鹽水來沖澡，沖澡時想像身上的負能量，隨著鹽水由上往下排除到地下，幾次之後，也可搭配艾草香皂沐浴，最後全身再用清水沖淨即可。

第二，精油淨化法，以佛手柑或柑橘精油，塗抹在背部、頭頂、後頸、胸口、腹部，或自製淨化能量噴霧，將20毫升酒精加上鼠尾草、岩蘭草精油共20滴＋海鹽＋水，放在小容器中，可噴灑在不舒服、陰暗、濁氣重的地方，淨化負能量。

第三，鼠尾草煙燻法，傳說，當年鄭和下西洋時，拿了三箱茶葉換了一箱神祕的植物，這植物就是鼠尾草。鼠尾草的拉丁文Salvia，來源於拉丁單詞Salveo，意為治癒或挽救。自古以來它被人們信奉為能治百病的花草，歐洲人稱它為神聖藥草，是一種疫用、藥用、保健植物，我們也可以用它來淨化能量場。

將晒乾的白色鼠尾草（Salvia apiana）放入器皿內點燃，在房內走一圈，於經過的角落或你認為需要淨化的地方停留一下，家中物品例如水晶、寶石、牌卡、衣物、古董，也可拿來消磁淨化，除了鼠尾草外，也可使用艾草來煙燻，具有同等功效。

第四，聽高頻的音樂，例如靜心冥想音樂、聖樂或古典音樂。

第五，走進大自然，在大自然裡我們可以與宇宙交換能量，淨化氣場。

第六，靜心冥想十分鐘，透過意念與高我連結，恢復本然的狀態。

淨化能量祈禱文

　　我讓神聖的光籠罩著、保護著，將身上的負能量淨化清除，讓我回到最初，最清靜的狀態，讓良好的能量聚合在此，當我感受到自己與神聖意識一致的時候，這種力量就會一直守護著我。

靈性療癒

1. 感受身體能量單人練習

全身放鬆，深深地吸一口氣，再慢慢吐氣。

兩肩放鬆不聳起，雙手慢慢地抬起來，兩個手掌在胸前相對，十指微張，像握住球一樣，但手指不用力，只是維持握住球的樣子（圖二）。現在維持這個姿勢不動，去感受雙手的感覺如何？是涼涼的？還是溫暖的？有刺痛感嗎？

將雙手慢慢地分開，想像這個球逐漸放大，之後再讓雙手慢慢靠

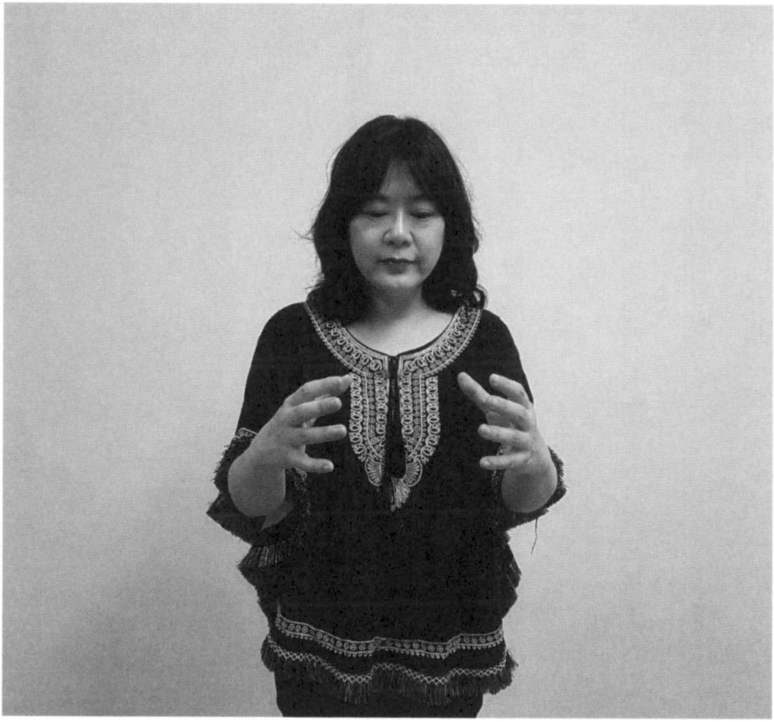

※圖一：手掌在胸前相對，十指微張，像握住球一樣，手指不用力。

近，想像這個球越來越小，重複幾次這些動作之後，雙手掌之間有電流或像磁鐵般被吸引的感覺嗎？

手掌相對，手指放鬆微張，放到胸前，兩手掌間好像握著一個球，左右手輪流，由上往下，由前往後，做小圈圈的轉動，現在感覺如何？

接下來，右手在上、左手在下（右掌朝下、左掌朝上），兩掌相對，直式握著（圖二），雙手分開再靠近，讓球由小變大、由大變小。

感受到什麼了嗎？暖暖的、刺刺的、熱熱的、麻麻的，有像磁鐵一樣吸引的感覺嗎？

如果有刺刺的、麻麻的感覺，就將手放下來，手指往下甩一甩，想像將不好的氣都藉由手指彈掉，再想像將這股廢氣導到地下。

將雙手慢慢放下，放鬆休息片刻。

現在將右手抬起手指微彎，放在胸前，想像在掌心處，有一個圓

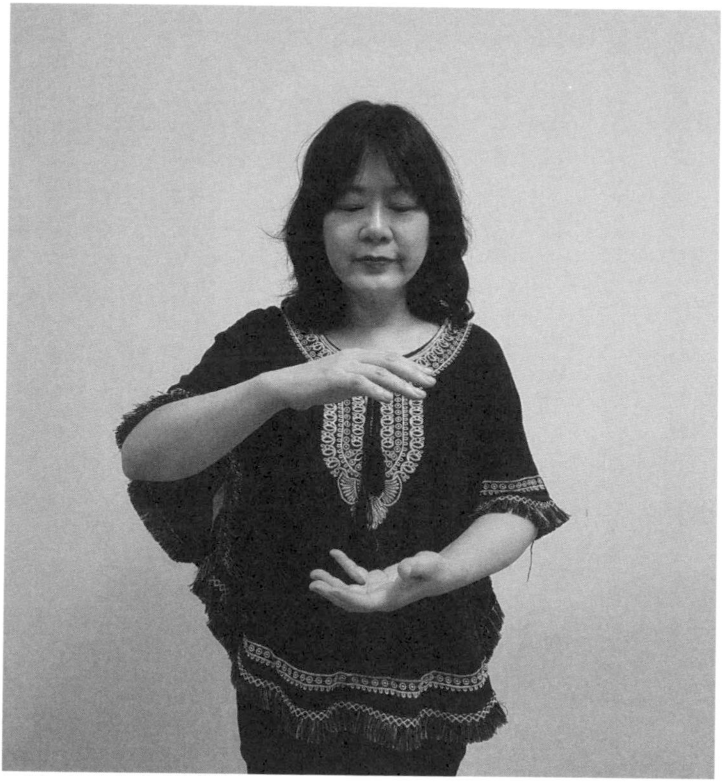

※圖二：右手在上、左手在下，直式握著。

點，從這裡投射出光——就像是手電筒的光柱，投射在身體上一樣。

將注意力放在投射的地方，從這個地方來感受氣場。

接下來用雙手，與身體保持大約五公分的距離。從頭到腳掃描身體，去感受身體的能量、溫度、感覺。

2. 感受身體能量團體練習

人數：兩人或多人練習。

ＡＢ兩人一組，面對面站著，雙肩不聳高，全身放鬆，Ａ伸出右掌，Ｂ伸出左掌，兩掌相對，手指微張，兩人的手掌像共同握住一個球一樣，但手不碰觸，維持約十五公分的距離，深深吸氣、吐氣後靜止不動，將注意力放在你的手掌，現在感覺到什麼？（圖三）

有一種像磁鐵般的吸引力？涼涼、暖暖的感覺？還是有刺刺的、麻麻的、脹脹的感覺？

現在維持這個姿勢，兩人慢慢將手掌往前推，想像這個球越來越小，越來越靠近，但手仍然不碰觸對方，約在十公分的地方停住，現在感覺到什麼？近距離與遠距離的感受有沒有不同？

接著，兩人慢慢將手掌往後移動，想像這個球逐漸放大，約在二十公分的地方停住，現在感覺到什麼？

再來試試看，兩掌近距離與遠距離的感覺，或兩掌同時由外向內轉小圈圈、由內向外轉小圈圈，感受各有何不同？

之後兩人將手放下，放鬆，稍微休息，自然呼吸。

接下來B站著保持不動，A以右手在B身上，大約保持五公分的距離，從頭到腳、從上到下，開始掃描對方的身體，去感受他身體的溫度、能量及感覺。A感受完之後，兩人可以交換位置，換B試試。(圖四)

兩人一組，與之前的單人練習，兩者相較之下，有什麼不一樣的感受嗎？

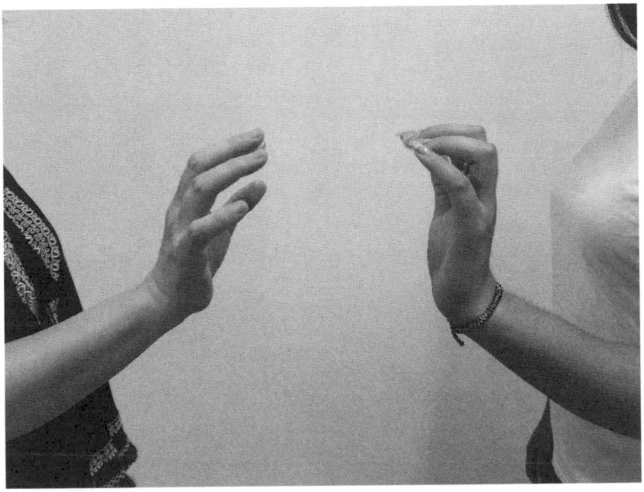

※圖三：將注意力放在你的手掌，現在感覺到什麼？

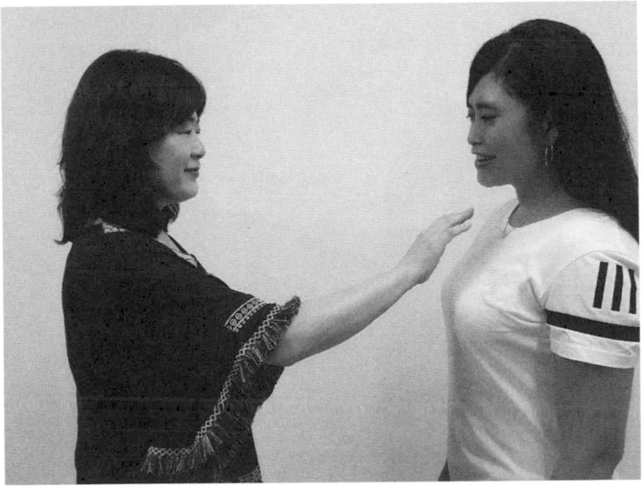

※圖四：掃描對方的身體，感受身體的溫度、能量及感覺。

3. 靈性療癒

將雙手舉高過頭頂，手掌向下兩手高過頭頂，深吸一口氣，慢慢吐氣，吐氣時雙手隨著呼吸緩緩向下，一直到腳部（圖五～七）。接下來用右手放在臉部前面，手與臉的距離約一個拳頭大，手掌向著自己，想像手掌中間有一道光柱，現在用光柱掃描自己，並自然呼吸，想像光柱所到之處，都可以得到放鬆。

若有不舒服、疼痛的地方，也可以使用這個方法，若感到腫脹，則可以用逆時鐘方向，在該

※圖五

※圖六

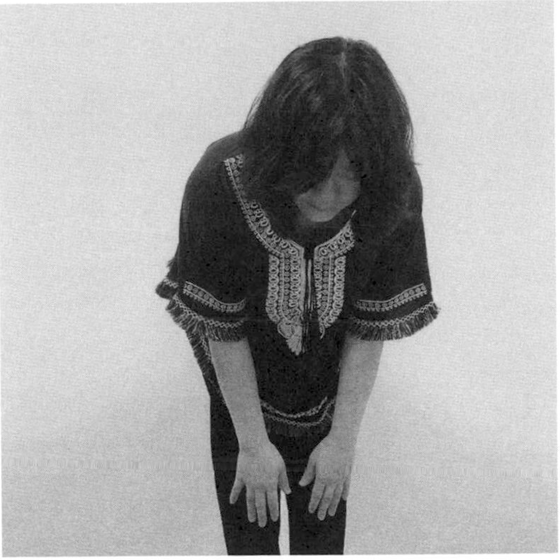

※圖七

部位慢慢以手轉動，在旋轉過程中，告訴自己將裡面的廢氣與負能量排開，並導到地下。若有些器官是較虛弱的、氣血能量不足的，就以順時鐘方向慢慢轉動，並藉此補充能量。

我們也可以用同樣的方法掃描別人，進行能量療癒。

在能量療癒的理論中，「實」就是過多，例如，發炎、腫脹、氣血阻塞不通，「虛」就是缺乏，例如，疲累、虛弱、氣血不足。實與虛若能平衡、和諧一致，人便不會生病。透過主導意識來進行能量療癒，讓能量振動達到平衡，回到本然的狀態，就是最自然的療癒法。

4. 恢復能量實作練習：

輕鬆坐著，腰椎挺直，可以靠著椅背，兩手放在大腿上，雙腳自然放鬆，感受到你將雙腳的力量平穩地放在大地上，深深地吸一口氣，慢慢地吐氣，想像從腳底開始，有一股能量進入，能量所經過之處慢慢地放鬆。

現在閉起雙眼，想像用內在之眼掃描你的雙腳，右腳肌肉放鬆，想像你的每一個細胞、能量流暢，感受你的右腳和左腳有什麼不一樣？現在將注意力轉移到左腳，左腳的肌肉完全放鬆，再往上走，兩邊的膝蓋放鬆，雙腿大腿肌肉放鬆，經過腹部，將注意力停留在肚臍下三吋的地方，這裡是能量區，在這裡慢慢呼吸、吐氣，稍作休息。

想像腹部肌肉放鬆，在這裡能量流暢，完完全全地放鬆，再往上走，來到胸部，胸部肌肉完全放鬆，感受到舒適，再往上走，經過喉嚨、嘴巴、鼻子，整個臉部的肌肉放鬆，來到頭頂，想像有一道水柱，從頭上往下，到頸部、背部、臀部、大腿、腳，所到之處，負能量慢慢地排到地底下。

深深地吸一口氣，想像美好的能量進入你的身體，慢慢地吐氣，感受到廢氣、負能量排了出來，身體裡裡外外都被淨化，帶著純淨的能量，你感受到全身輕鬆舒暢。

淨化後，現在開始注入新能量，雙手交疊，左手掌置於右手掌上方，放在肚臍下方，以意念想像宇宙美好的正能量，透過交疊的雙手，從左右手掌心進入肚臍下方約三指幅寬，所謂丹田的能量區，一次次不停地注入。幾次之後身體保持不動，專注力停留能量區的中心點，不憋氣自由呼吸，不久從雙手、腹部開始會有溫暖的感覺，這股暖流將會慢慢地從局部擴充到全身，你感受到身體被注入能量，美好能量不斷地充滿、流動、也被補足。

開啟你的靈性潛能——接引第六感

老天無時無刻會給我們帶來訊息，重點在於我們有沒有聆聽。訊息有時是一個直覺、一個感應或想法、感覺，或在夢境中看到的影像，或聽到旁邊的人講話的內容，正是你要找的答案，或讀到一篇文章或影片裡的一段話對你有所啟發，或在大自然中有了靈感，或在需要幫助的時候，貴人及時來到你身邊。

我常常接收到訊息，例如，神來一筆地講出智慧話語；不經意地滑動手機，恰巧看見一部不錯的影片，可在上課時當教材；或上課時，突來而至的靈感，剛好可以給學生做練習用的有趣實作。

我寫作的書名、內容大綱，也常是接引靈感而來，有次正巧跟國外好友聊天，談到他對心靈成長的渴望，這也更促成了我想寫靈性書籍的意願。

靈感時時刻刻都在，特別在最放鬆的時候來臨，例如睡覺時、安靜時、睡前、睡醒未起床時、靜心冥想等。

宇宙會藉由旁邊的人會幫你，例如透過電腦，訊息自己會跑出視窗，藉由一句話、一個意識，或是經由一段影片、一本書。如果你做的事情是服務眾生的，那麼會更加快速度，你要去傾聽生活的訊息，過程很順沒有阻力，你會特別覺得輕鬆不費力。

靈感還有個特點，就是容易轉瞬即逝，如果你不把它記錄下來，就可能再也找不到它了。為了迎接靈感的到來，最好隨身攜帶紙、筆，甚至帶一枝錄音筆，這樣靈感一湧現，馬上可以記錄下來，防止靈感稍縱即逝。

你也可以向宇宙丟出一個問題，然後靜心耐心地等待回覆，這段等待的期間，開放自己，不預設立場，讓你的頭腦成為真空、關機狀態，不啟動它也就是不去想，然後靜心等待結果。

那個結果，就像突然有意念進入你的頭腦，你一問就會有一答，平常我們會在頭腦中自問自答，只是這時的對話不是你和自己，而是你與祂。讓靈感自己來，有時候祂會當下就回覆你的問題，有時候可能你等不到答案，但是會顯現在生活當中。

最重要的是開放自己，不預設立場，把頭腦關機，只是靜心地等候訊息，讓自己處在一種被動接收的狀態。而意念來的時候，是很自然的，絕對不會有不舒服的感覺，有時候甚至是喜悅的感受。比如我寫這本書的時候，就是藉由靈感找到我想要的主題以及內容，這時候的心靈、感知，是喜悅的。

當你做的事跟靈魂一致的時候會有安定感，反過來不安是一種訊號，代表你沒有在對的路上。

在生命的過程中，我們一直都有宇宙、高我、神聖力量的陪伴與指引，所以千萬不要忽略直覺、靈感、想法、感受，這些突如其來的生活訊息，常常就是上天給予你的助力。

提高能量的祝福法則

一早醒來，我會做的一件事情就是送出祝福。祝福自己與他人，在新的一天一切安好、平安順遂！

這個舉動讓我在一天的開始，就感受到溫馨而美好的能量。祝福，就是將美好意念，傳遞給自己及周遭的人，這個正向頻率的振動，會由小而大，擴散到更遠更大的能量場。

當我靜心冥想時，想像神聖的光籠罩著我，這就是一種連結，成為宇宙的子女，我感受到這個光沐浴全身，感受到被更大的力量保護著，在此也感受到由上至下的神聖祝福。

有一次看見一位又老又盲、身體不便的乞討者，在給出金錢後，不由自主地舉起手，朝他所坐在方向，給予祝福，而我察覺到這個動作是不經過思考，是人類的本能，一種發自內在，希望他人也過得好的真誠善意。

在奧地利，用餐前大家會先祝福旁邊共餐的人說：「Guten Appetit（祝你好胃口）！」聽到別人打噴嚏就說：「Zum Wohl（祝你健康）！」不管祝福或被祝福者都感受到心中的暖意，無比溫馨。

有宗教信仰的人在進餐時，誠心祝頌的禱告文，讓周遭的氛圍更好。沒有宗教信仰也沒關係，對於我們所吃的食物能夠給予祝福，感謝它們的滋養，提供我們生命所需，這樣吃進去的食物，則改變了能量場，這樣的食物也充滿了神聖的能量。

在我們日常生活中，有許多的擔心跟事實無關，而是來自頭腦的想像。有人曾經問我，祖母身體不舒服，正在接受醫生的診治，覺得自己手足無措也無能為力，不知道如何幫助她，才能夠減輕她的痛苦。

我告訴這個有愛的孩子：「當你不知道怎麼辦的時候，就祝福她！這個意念帶著愛，就是傳遞好的能量，而且不管你在那裡，兩者距離近或是遠，就像量子糾纏，一方轉動意念，另一方也一定會接收到。」

最近有一對情侶分開了，男方來找我輔導，他說，在長時間的相處後，早已知道彼此不適合，而且未來的人生規畫，也沒有將對方考慮在內，但雙方一直遲遲不肯做決定，就這樣一年拖過一年，最後女方以到外地工作為由，離開了他。

於是他們各自分開生活，雖然男方明白，這樣的結果對雙方都好，但他還是想追究原因、評論是非對錯。我告訴他，事情的過錯不可能由一個人承擔，而是兩方都要負起責任，一味地追根究底、評論他人，對大家都沒好處，只是讓人受傷。對於這個結局已清楚了就好，你們都想要有新的開始，卻一直逃避，遲遲不肯做出決定，而長久處在這樣的模糊地帶，不知道該進或退，舉足艱難，那才是最辛苦的。

兩人分手，若是帶著抱怨、詛咒、憤恨離開，也等於將負能量植入自己的生命中，無時無刻地發送負能量，這才是最大的囚禁，無意中自己也成為受害者。

對於分手，讓彼此自由的方法就是給予祝福、好聚好散，這樣才能釋放所有的糾結，留下好能量，讓雙方打開自由之門，重新看見新的路徑，開啟新生活。

復甦感官練習

我們的肉眼對能量的感知極少，因為視網膜只能記錄電磁光譜中的一小段，這也就是為什麼我們看不見空氣、細菌、紅外線、紫外線等，但是，我們卻可以透過觸覺來感受能量。

我們小時候有無限的想像力，但是因為後天的制約，而限制了這些自然感知力，例如，我們只會用右手拿湯匙、將背包放在右肩上、每天走相同的路徑回家，因為慣性使然而限制了可能性，讓其他的方法變得萎縮、不復存在，現在我們要做的是重新打開我們的感官知覺。

再則，在我們的成長過程中，害怕不被愛、被拒絕、受傷，為了保護自己而與外界保持距離，漸漸地就築起心牆，隔離感受，因為沒有感受，就不會疼痛，但是如此一來，我們無法開啟感知力，就會失去與高我連結的契機。

現在要做的就是，重新啟動、復甦所有的感官，加強我們的靈感、直覺、創造力。

打開觸覺感官

進入一個房間，眼睛開始掃描房間內所有的擺設、位置，看清楚四周後將電燈關掉，閉著眼睛環繞室內一圈，用你的雙手去觸摸、感受你面前的物品，之後再沿著牆壁走出來，打開眼睛。回想一下，你閉眼所觸摸過的物品跟張開眼睛看到時，有什麼不一樣？

打開嗅覺感官

1. 輕輕地吸一口氣，再慢慢地吐氣，反覆三次。把注意力放在呼吸上，以手指按住左邊鼻孔，以右邊鼻孔慢慢吸氣再吐氣，幾次過後，以手指按住右邊鼻孔，以左邊鼻孔慢慢吸氣再吐氣，之後將手放下，讓兩個鼻孔，正常地吸氣吐氣。經過這樣的練習以後，你有什麼感受呢？

2. 去感受周遭的味道。你有多久沒聞到泥土的香味，花香、草香呢？肥皂的香味？醋的刺鼻味？空氣中的味道？身上的味道？精油的味道？

打開聽覺感官

在你的四周聽到什麼聲音，車聲？鳥聲？呼吸的聲音？人們交談的聲音？你聽到電視的聲音嗎？你也聽安靜的聲音嗎？還是噪音？聽到的聲音是高音，還是低音？大聲還是小聲？聲音中有振動的頻率嗎？

感受能量的練習

你可以拿一條鍊子，或家中已有的項鍊，尾端都要有個墜子或珠子（最好的材質是天然礦石如水晶），用拇指與食指輕握住鍊子，讓它自然垂下，告訴自己放鬆但手不要動，把鍊子放在任何一個物體上方，例如水杯，接著就可以觀察鍊子在水杯上的反應。

一般而言，鍊子會因為氣場而開始轉動，在這裡可以先預設立場，看它是否會轉動，並看它擺動的幅度大小或方向如何。你可以用意念告訴鍊子，以前後、左右或轉圈的方式擺動，例如順時鐘或逆時鐘。接下來，你可以看到鍊子會與你的意念一致，能量場也會隨著你的意念移動。

你可以用這條鍊子，測試兩杯不同的水，例如，隔夜水和新鮮的水。我的學生測試過，將鍊子放在一杯新鮮的水上面，鍊子的擺動幅度較大，代表高能量，反之，隔夜水的幅度較小，代表能量低，頻率也低。

你也可以測試字的能量，可拿兩張白紙，一張寫著感恩、祝福、充滿愛的話語，另一張寫著憤怒、抱怨、傷害、怨恨的話語，將鍊子放在紙上測試，看看結果如何？

直覺書寫

準備一張紙，一枝筆，深深地吸一口氣，慢慢地吐氣，感覺越來越放鬆，靜下心來，你可播放抒壓靜心音樂準備。在紙上以直覺書寫，想到什麼就寫什麼，讓內在的想法、感受流動，順著你的直覺寫出來，一直寫不要停止，如果寫不出來，就用……來表示。不用刻意修飾文字，也不要擔心有負面情緒，在這裡不管是正負能量，都可以如實地接受，允許它們自由的流動。

直覺繪畫

（A）準備一張白紙以及一盒粉蠟筆。閉上眼睛，以直覺拿起一枝粉蠟筆，在紙上想到什麼就畫什麼，放空自己，讓你的手自由動起來，不要用頭腦主導你的手，而是讓感覺、直覺引導繪畫，先不要畫具體的東西或形狀，而是以線條開始，跟隨心的感受，帶著你自由繪畫。

畫好後，張開眼睛，看看這幅畫為你帶來什麼驚喜？你可以自我解讀，這幅畫代表什麼感覺、想法，與你的連結如何？

若是旁邊有夥伴與你一起作畫，也可彼此分享心得。

（B）準備白紙兩張、一盒粉蠟筆，選兩首風格迥異的音樂，例如，一首吵雜熱鬧的、一首平靜舒緩的靜心冥想音樂。先播放熱鬧的音樂，以你的直覺任選粉蠟筆的顏色，隨著聲音的震動、強度、大小聲、不用頭腦，而是憑著感覺在白紙上自由繪畫，過程大約兩分鐘。

接著，播放平靜舒緩的靜心冥想音樂，同樣的，以直覺挑選粉蠟筆的顏色，隨著音樂的震動、強度、大小聲、想像感知力，在白紙上自由繪畫，過程大約兩分鐘。

完成後，比較兩張繪畫的不同處在哪裡？

以下兩張圖，是根據電音音樂以及冥想音樂所畫出來的。

在這裡可看出，電音音樂所散放出的能量較為混亂，所以畫出來的圖形也較尖銳，因為感受低頻震動，所以在無意識中也挑選了黑色的暗色系來繪圖；另一首冥想音樂，相較之下沒有尖銳或鋸齒狀圖形，而是呈圓形、水波狀，所使用的顏色也賞心悅目，令人感到喜悅。

這個練習讓我們了解，由聲波所散發出來的不同能量場，也會影響到腦波、心情與磁場。

打開頂輪，與神聖合一

1～5的練習可按照順序進行，最後一項「開啟頂輪的方法」，亦可反覆練習。

1. 調息練習

察覺呼吸，調息預備式，站姿：

將右手放在胸部，深深地吸氣、吐氣，感受此時胸口是起伏，還是平靜的呢？

慢慢地將右手移到腹部，深深地吸氣、吐氣後，感受到腹部的收縮起伏，還是毫無動靜？

將雙手放在腰部後面，在吸氣與吐氣時，是否感受到後腰部的肌肉擴張，吐氣時放鬆下來？

現在左手置於胸前、右手置於腹部，深呼吸的時候，胸口不動，感覺腹部向外擴張，吐氣時腹部自然放鬆下來。

現在正式進入調息：

用鼻子吸氣再用嘴巴吐氣，先做一到兩次的吐納，特別是吐氣時，要將肺部裡面的氣充分排出，淨化身體裡的廢氣。

用鼻吸嘴吐的方式，現在用鼻子慢慢地吸氣五秒，感覺氣流進入腹部，腹部像氣球一樣越來越鼓起，之後用嘴巴慢慢地吐氣，感受將腹部的空氣完全排除，吐完氣後腹部自然地往內收縮，之後完全放鬆。

重複幾次這樣的練習，可讓呼吸保持順暢，回到內在的靜與定。

2. 觀察者練習

就像看電影一樣，你就像一位觀察者，想像你在自己身體後方觀察自己，你觀察到了你的身體、思想的流動或靜默……這樣的觀察，也比較能用高維的角度來看自己，所有的情緒、感受、思維、都能在這個高維度的觀察下看得清清楚楚。

有學員做了這個練習，分享了他的經驗：

我失戀的那一段時間，感受到情緒，於是跟自己拉開了距離，從背後看自己，我看到我內在的混亂，也看到了我的頭腦，好像被孫悟空的緊箍咒鎖住。當我從觀察者的角度看自己，突然我問自己為什麼要讓自己痛苦，觀察者的那個我告訴自己，放掉頭腦、放下思維……頓時我放鬆了自己，不去想的這一刻就沒有了痛苦，原來造成痛苦的是頭腦，造成痛苦的是自己，而不是別人。

這個學員做完了練習以後，心情也放鬆了許多。

是的，當你看見小我的總總活動及想法，就能夠更快地覺察，而這個覺察也可快速知道小我與高我的不同。

3. 專注力練習

將點亮的蠟燭放在小桌子上，坐下的時候，火焰在眼睛可以直視的地方，最好是平行，脊椎挺直，雙腿著地，輕鬆地坐著。蠟燭距離身體約略三十公分，現在輕輕地閉上眼睛，保持內在的平靜，讓身體完全靜止不動。

再慢慢地張開眼睛，看著蠟燭芯的頂端，不要管火焰是否晃動，但是蠟燭芯是穩定的，現在不要眨眼或轉動眼球，定定地看著面前的蠟燭芯，將注意力放在蠟燭芯的頂端上，如果念頭很多就把注意力帶回來。

經過一段時間，若眼睛疲累或者流淚，可輕輕閉上眼睛休息，閉眼的時候想像剛剛火焰的影像，如果這個影像是晃動的，試著將它穩定下來。現在慢慢地張開眼睛，再度凝視蠟燭芯的頂端，重複三次這樣的練習。

做完這個練習之後，擦熱雙手，用掌心的溫度輕輕蓋住眼睛，你會感受到舒服與放鬆，接下來三次順時鐘轉動眼球，再逆時鐘三次，結束練習。

4. 靜心無念練習

輕鬆地坐著腰椎挺直，嘴巴輕輕地閉上，將舌頭放鬆頂住上顎（這是任督二脈的交會點），輕輕地閉上眼睛，自然地呼吸，感受到越來越沉靜、越來越放鬆。

放下外面的世界，將注意力放在自己的身上，想像在兩眉中間有一個小圓點，將注意力放在這個點上，守在當下，若有念頭升起，不抗拒，也不阻擋，而是讓它來，從面前經過。

想像你像一座山，穩穩地矗立在那邊，你是一個觀察者，觀察外境的動與靜，允許一切來去自如。讓眾多的念頭就像白雲一樣飄過，不將注意力放在念頭上，讓它只是經過，不留痕跡。

每次念頭來，就每次讓它經過。

這個練習經過一段時間後，會發現念頭越來越少，靈性越來越清澈，你開始享受寂靜的美妙，在靜默時就是在一個虛空的境界，於是一切都平息了，沒有了念頭自然放空，也就沒有了煩擾痛苦，一切都在當下靜默了下來。這樣的靜與空，就是進入一種無法用言語文字來形容的真空妙有境界。

5. 開啟頂輪練習法

當我們開始啟動海底輪的能量，這股能量暢通後將沿著身體、脊椎和脈輪一直往上到達頂輪，對於靈性潛能的開發以及與高我連結都有很大的助益，讓我們啟動海底輪到頂輪的練習（圖八）。

開啟海底輪：在人體的海底輪，儲存了極大的能量，現在我們想像位於生殖器與肛門之間，脊骨末端這個地帶能量場順暢的流動，帶來溫暖的感覺。

想像在這裡有一朵含苞待放的紅色蓮花，蓮花有水的滋潤，來自最高的神聖之光，照射在這朵紅花上，想像花瓣一層又一層慢慢地被打開。此刻你感到舒心、自由與平靜，可在此停留一下，感受光所帶來的溫暖。

開啟本我輪：接下來將注意力往上移，能量似溫暖的光繼續流

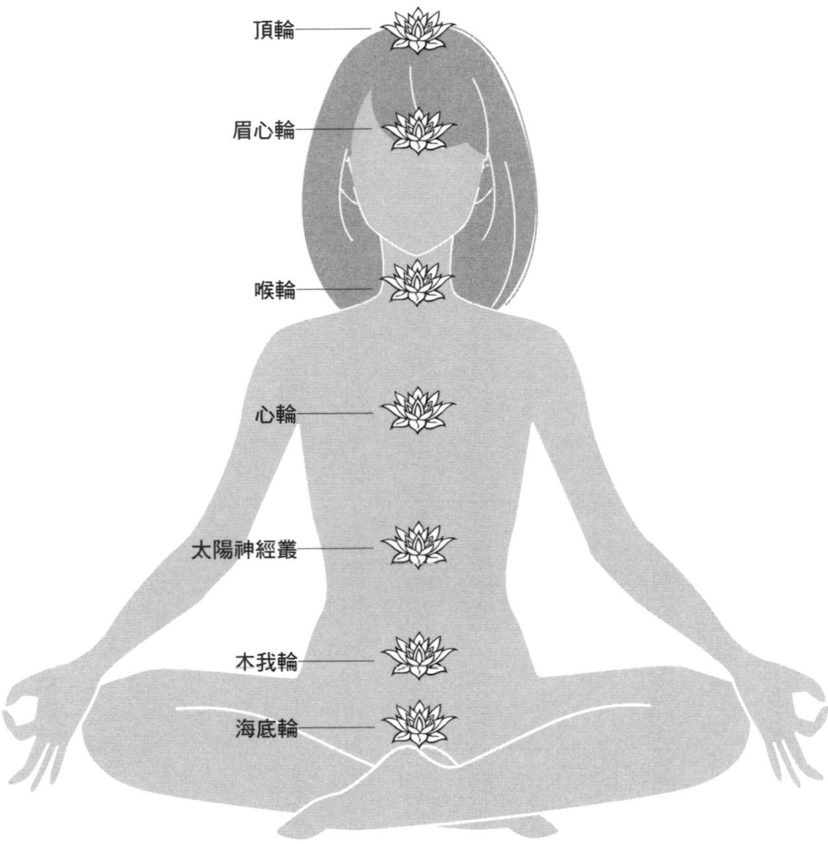
頂輪
眉心輪
喉輪
心輪
太陽神經叢
本我輪
海底輪

※圖八：七大脈輪位置圖。

動，來到肚臍下方，大約在肚臍下方一隻手的寬度，輕輕地吸氣吐氣，想像有一朵含苞待放的橙色蓮花，在水的滋潤以及來自最高的光照射下，花瓣一層又一層慢慢地被打開。

此刻你感到舒心、自由與平靜，感受光所帶來的溫暖，給自己一點時間感受此刻的寧靜，也讓花朵的影像逐漸清晰。

開啟太陽神經叢：將注意力往上移，來到肚臍上方與胸骨下方的橫隔膜上靠近脊部的位置。輕輕地吸氣吐氣，想像這裡有一朵含苞待放的黃色蓮花，在水的滋潤以及來自最高的光照射下，花瓣一層又一層慢慢地被打開。

現在深深地以鼻子吸氣，將氣吸飽傳送到橫隔膜、太陽神經叢，再慢慢地用嘴巴吐氣，感受光所帶來的溫暖，花朵完全地綻放開來，給自己一點時間感受此刻的美妙與喜悅，讓這種感覺延續。

開啟心輪：繼續將注意力往上延伸，來到胸部的中間，繼續放鬆吸氣吐氣，讓能量流動。現在想像有一朵含苞待放的綠色蓮花，在水的滋潤以及來自最高的光照射下，觀想花瓣一層又一層慢慢地被打開，一直到完全綻放。

開啟喉輪：讓能量繼續移到喉嚨底部的位置，輕輕地吸氣，慢慢地吐氣，想像有一朵含苞待放的藍色蓮花，水流經過這個區域，在陽光的照耀下，花瓣舒展開來，完全被打開。

現在你感到全身通暢、身心無限喜悅。

開啟眉心輪：能量繼續往上走，來到兩眉之間偏上的位置，想像在這個位置上，有一朵含苞待放的靛色蓮花，有水的滋潤，陽光照射在這朵靛色的花上，花瓣慢慢綻放，不斷地被打開。

開啟頂輪：最後我們的能量來到頭部上方，想像有一朵紫色的花，把注意力放在頭部頂端的中心點，就像千瓣蓮花一樣，透過陽光的照射，從花蕊的核心開始，花瓣一片又一片地層層綻放，花朵完全地打開。

現在你正通往連結神聖意識的管道，在這裡升起靈性的天線，帶著信任與最高的光、創物主、上帝、佛陀連結，讓我們不再有距離，不再有分別，在這裡所有的信息、創造、療癒都在此傳遞，達到天人合一。

從小我到高我的揚升

我們似乎活在對立、一分為二的世界，有感性、理性，心與腦，然而頭腦與心常常走向兩個不同的方向，這讓我們感到困惑。例如，在日常生活中，我們常常因為要做出一項決定，不知道要選這個或那個，陷入兩難而傷透腦筋。

當頭腦與心兩者有衝突時，該聽哪個聲音？

答案是「心」。

如何聆聽心的聲音？

阻擋我們聆聽老天的聲音，是頭腦。頭腦，有我們的環境、教育所帶來的制約、受限的想法、觀念、信念。所以說，頭腦是我們的工具，可以運用它，但不能夠太依附它。

但，心不一樣，心，屬於肉體器官，也是靈性的器官，靈魂的通道。

心非常純粹，不受制約汙染，心比頭腦更廣、更巨大。想要知道是不是來自「心」的聲音，察覺你的感受很重要。

老天無時無刻都發佈訊息，與我們連結，重點是，你有沒有在聆聽？當我們想邁向更高的維度，就必須更懂得聆聽心的聲音。

如何分辨小我與高我的區別？小我是往外求、喜歡比較、競爭、掌控、認同、恐懼、匱乏感、永遠想要更多、追求完美。高我則是往內看、自在、輕鬆、平靜、和諧、愛、圓滿具足。

那麼，如何聆聽心的聲音呢？我們不妨先來看看下面的案例。有位讀者來訊告訴我，最近因為工作的事很糾結，希望我能給予一些建議，於是我撥出時間來與她見面。

初次見面，對方給我的第一眼印象不錯，是個眉清目秀、有禮貌的女孩子，但是隱隱約約在眉宇間感受到她的憂慮，那是一種內在的糾結、混亂，不知何去何從。

一開始，我不想直接探查她的情緒，而是想先了解事情的原委，直覺告訴我：這是一件很緊急、待解決的事。

我問她：「為什麼想來找我？有什麼事是我可以幫忙的呢？」

她說，她買了我的著作《遇見豐盛的自己》，很喜歡這一本書，不僅認真閱讀、畫了重點，也每天練習書本裡面所寫的肯定句。但是，最近因為工作的關係，覺得自己越來越不快樂。

前幾天，在開車前往上班的路上，她突然腦海裡閃過我的名字，希望找我幫她指點迷津，於是來到這裡。

「喔！我了解，那麼，我們就來談談你的工作，為什麼你不快樂？」

她說在職場有著極大的壓力，一直在考慮要不要辭職？也問了身邊幾位好友的意見，沒有人支持、贊成她轉職。

「為什麼呢？」

她輕嘆了一口氣說：「因為擔任公職，每個月有固定的收入，捧著鐵飯碗，何況還有兩年就可以拿到年資，所以好友們都勸我不要離職，好歹也過了這兩年再說。

「他們要我忍耐，珍惜現在這個得來不易的工作，但老師，您知道嗎？這樣讓我更痛苦，當初這個工作並非我想要的，而是為了要滿足父親的期待，他認為擔任公職，是最穩當的工作，對我最有保障，於是努力地考上公職，就這樣一天天待下來。而今在這職場，一晃眼十幾年過去，好像人生的路就是如此，不會有什麼改變，也沒有其他的路可走。

「但是一年前，我就越來越不喜歡上班，日積月累下來，我察覺到自己在公司，很容易有負面情緒，而且在無意識中，也將情緒帶到家庭裡來。」

「喔！什麼情緒？」我引導她說更多。

「比方說對先生發脾氣、對孩子不耐煩。

「我曾經跟我先生談過辭職的事，他表示能夠理解，也說如果我壓力太大，就別再繼續工作，他同意我辭職。然而，在孩子面前就不一樣。

「在孩子面前我從來沒提到過工作的事，但是，連三歲半的他，都可以感受到我的不快樂，總對我說：『媽媽，你不要去上班了，在家陪我好了。』『媽媽，我去你們公司打壞人！』

「孩子童言童語的，我什麼都沒說，他卻什麼都知道。」

聽了她的敘述，我也有感而發接下去說：「孩子其實很敏感，感受力也強，所謂母子連心，很多事即使不說，彼此的心，也知道啊！」

「唉！」她嘆了一口氣說：「當我陪伴孩子，看著他遊戲時很快樂，也天馬行空，充滿想像力及夢想，我心裡其實是很糾結的。」

「我想，孩子是一面鏡子，你在他身上看到極大的反差，他充滿夢想，你卻不敢做夢，不是嗎？」

她眼眶一濕，眼淚流了下來：「我小時候也曾經有過夢想，以及天馬行空的想像力，但是長大後進入現在這個職場、環境，捧著鐵飯碗，如今一天過著一天，彷彿穩定下來，自然也不敢再奢求夢想。」

「你不是沒有夢想，而是一直壓抑自己的夢想，不是嗎？」我反問她。

「我不敢去想，只覺得自己很受限，沒有其他可能性，就只能走這一條路。

「我前年換了單位，以為自己可以快樂些，但是，現在的單位，工作性質還是大同小異，我每一天都想離開這個職場，卻一天天待了下來，每天我都偷偷看徵才訊息，但又鼓不起勇氣辭職。

「我每一天都過得很艱難，所謂艱難不是無法勝任公司的業務問題，而是我在做自己不喜歡的工作，我認為自己在這裡是浪費時間，內心越來越惶恐不安，也越來越痛苦，我是不是該辭職了？」

「這個問題，應該問問你的心，傾聽你內在的感受。我只能分析你目前的情況，給予建議，但是，無法為你做決定，因為決定權在你身上，答案也在你身上。

「問自己你快樂嗎？特別是長期的不快樂，就是一個提醒：要緊急處理。這個提醒也是訊息，來告訴我們：沒有走對路！要做改變。

「依照你的情況，若如此下去，也要考慮到心理影響健康的問題。」

她點點頭，想了一下，很快地決定要辭職！

剎那間，她鬆了一口氣，我看見她臉上瞬間綻放笑容，好像藏在烏雲背後的陽光，終於露臉了。

那個片刻，我感受到她的放鬆，彷彿擁抱著遲來的自由。回到家，她將辭職的想法告訴先生，他也欣然同意、表示支持。

之後她於公司提出辭呈，經過上級主管的層層面談，一路的過程出乎意料之外地順利。有主管甚至告訴她，很支持她勇於夢想，走自己的路很好。

之後每次我見到她，眼神晶亮、開懷大笑，散發喜樂的神采，跟初次見到她，那種糾結、混亂、不知何去何從的感覺，截然不同。

辭職之後她有更多的時間陪孩子、看書、上課、充實自己，為下一個喜歡的工作做準備。她說，從不後悔自己當初做了那個決定，也很感謝在最關鍵的時刻，能夠追隨自己的心，勇於活出夢想，活出自己想要的樣子。

一個人若願意聆聽心的聲音，並追隨其腳步行動，內心通常不會是痛苦、不安的。所以，問問自己，現在的你感受到喜悅、安定嗎？如果答案是否定的，那麼請好好地聆聽自己的內在，那裡就有你要的答案。

靈性揚升之路

走在心靈的旅程，我有許多的體驗及感悟要跟大家分享。

什麼時候我們開始走上靈性揚升之路呢？

靈性成長是每個人必經之路，差異只在於速度的快慢，很多人來到這一條路上的原因都不一樣，但是背後的意義都是一樣的，生命推動我們成長與不斷的進化。

人們會透過某些事件，例如事業的衰敗、損失錢財、失去摯愛、失去健康，在那一瞬間，驚覺人生的無常變化，就像一場夢一樣，於是開始探索生命的意義。而另外一群人本身就在心靈層面上，對探索生命感到好奇及渴望，這不需要特別的原因，有可能自己過得不錯，沒什麼煩惱與考驗，但覺得生命總是缺乏什麼，於是也走上生命探索之路。

小我的覺醒

在靈性層面上，我們開始想要認識自己，就先從小我開始。所有的問題、困境、疾病、痛苦的來源，全來自於小我。小我總是喜歡說，這是「我的」，凡是「我的」都是佔有。真相是，我們不可能佔有什麼，來到這個地球，當有一天生命的遊戲結束後，我們所擁有的都要全部歸還。

小我始終覺得不夠，想要更多，我們覺得不夠，就無法停止飢餓，於是我們與自己處處產生了矛盾與衝突。

小我有很多的面向，例如，希望受到注意肯定、認同、被愛。

小我總是匱乏、害怕，無法安靜下來，想像許多事情可能會發生，把很多事情想成是負面的，如此一來我們的心無法安定，情緒無法和諧，也障礙了身體能量的流動。

小我總是抱怨沒有得到別人的關注、不被愛、不被肯定，事實上「外面沒有別人」，當我能肯定自己、愛自己，我們就不需要向別人乞討愛，也不需要別人為我做什麼。

小我喜歡緊握不放手，但這就是痛苦的來源，人不可能什麼都擁有，也無法符合別人的期待。

小我以為自己很重要，但是一旦認為自己的觀點很重要，如何聽進別人的話與之交談？

開始了解小我永遠無法活在當下，頭腦就是恐懼、就是痛苦，當我們擔心一件還未發生的事情，頭腦就把我們帶離現實，進入幻象的世界，我們成為故事裡的主角，開始述說那個假象的故事。你所想的都會成真，這也就是身心靈所講的，你顯化了你的思維。

頭腦把我們帶離當下，不是儲存了過去的經驗，就是對未來充滿了幻想，腦神經就像Google搜索引擎一樣，打上關鍵字，就出現許多相關字詞。如同我們的頭腦搜索恐懼這兩個字，就會出現過往經驗，如果在原生家庭中，母親以自身經驗的信念告訴女兒「男人都不可靠」，這個女兒就會相信媽媽的話，對愛情、婚姻特別謹慎，但也會因為缺乏安全感，開啟自我保護機制，長大後難以進入一段感情，或者進入感情後很快便逃離，這就是恐懼帶來的信念。

恐懼未來也是一個幻象，當我們的信念是擔心下星期的事情沒有辦法做好，會被老闆譴責甚至開除，這就是頭腦的想像。

當我們跟頭腦拉開距離，過濾我們的信念，覺知地觀察它，就不會被頭腦帶離真相。

二元世界的覺醒

我們活在長、寬、高的三維空間，卻受限於二元對立的世界，在是非、對錯、正反的對立中，造成分裂與分離，製造了衝突與矛盾——不是我對就是你錯，不是這個好就是那個壞，而後開始有了分別、比較、批判、爭執。

但是我們除了二元對立，還有其他的可能性，那就是三次元，黑白當中有灰色、上下左右還有中間，三元性才是宇宙的真理與實相，例如道家的「天、地、人」；三維空間的「長、寬、高」；基督教的「聖子、聖父、聖靈」；時間軸的「過去、現在、未來」；人的三位一體「身、心、靈」；心理學的「意識、潛意識、超意識」。

如果我們可以超越二元，就可以合而為一，進入一體的世界。當我們以更高維的角度看世界，就能夠不批判，尊重兩方的觀點，不去比較是非、評論好壞對錯，就具有更多的包容性，不會產生爭執，甚至不會引發戰爭。

神性的覺醒

我們要記得自己本來的面目，不是這個暫時的人身，靈性才是我們真實的本質。所有乘願再來的覺悟者，例如耶穌、佛陀，都能感悟到這個真相。

每一個人要記得，我們都是按照神的本質形象所創造出來的體驗，神的本質就是圓滿具足、完美無缺、永恆、合一。

開悟的迷思與感悟

還記得多年前，有一個學生想要跟我上身心靈個別課程。他說，之前上過許多課，到過宗教團體，研習與哲學、宗教、心理學相關的書籍，自己也做了相當多的實作練習，例如瑜伽、氣功、冥想、靜坐等，長年來一直走在心靈的路上，希望能夠快速地提升自己，他這一生最大的目標就是開悟。

一講到開悟，他接著說：「如果跟您上課能不能在半年內開悟？」

我對他說，這個問題類似患者問醫生，自己什麼時候才會恢復健康？醫生一定是說「我會盡力，但也要靠你自己」。來上課也是一樣，師父領進門修行在個人，老師會盡力教，但會不會開悟，最關鍵的還是在於你自己。而且，開悟是一種自然的狀態，是自然發生的，急不得的。

開悟是很多人的目標，特別是宗教潛修者、走在身心靈路上、想活出平安喜樂的人……但是，很多人對開悟仍然有許多的迷思，我想以我所知道的觀點，跟大家聊聊開悟這回事。

開悟的迷思是什麼呢？

開悟不在外面，而是在你之內。尋找大師、老師或者是上課、修行，這些只是來幫助你，最重要的人是你自己，透過你的內在智慧與覺性，才是開悟的關鍵。

開悟並非一定要信仰某個宗教，或修行人才可以辦到，開悟是每個人的權利，每一個凡夫俗子都能開悟。

開悟不是高學歷的人的專利，有時候知識才是最大的障礙，因為開悟不是透過頭腦，而是靈性。

開悟並不難，大道至簡，所有的真理都很簡單，只是我們頭腦裡的理智、邏輯、思維把它複雜化了。

不要以為開悟要花很久，甚至是花一輩子的時間，開悟往往在一瞬間，比你想的還要快。

開悟並不等於苦修，苦修只是一種選擇，有些人想用磨練身體，體驗身體的方式到達靈性的境界，就像有些人想要以登山方式，爬上高峰去體驗身體的極限，耐力、肌力、意志力在哪裡。

開悟往往都是自然而然，並非強求可得。

開悟是一個開始，而非結束。

開悟並非只有一次，而是不斷地繼續，一次又一次……

每個人開悟的方式、方法都不一樣，任何一個管道都可以到達開悟。

開悟不是從此保證生活無波無浪、一帆風順，而是人生路上仍然會遇到考驗、逆境，但你可以很快地察覺、轉化與度過。

與高我相遇

當我們開始往內走，意識開始察覺內在，看見自己的內在總總發生，試著安靜地坐一分鐘，會發現念頭一個接著一個來，這些念頭就像被攪拌的水，讓我們無法看到更深層的自己。試著靜默下來，不阻擋念頭，允許它來它去，念頭就會像客人一樣，最後會離開。

當我們放下外面的世界、思維、身軀、自我，此刻意識是純淨的、清明的，一個人、此時很安靜、沒有雜念，當我進入這個境界，自然而然就靜、定、空。

靜下來觀察你的意識，感受到空的美妙，當下很寂靜，你將頭腦關機，沒有了頭腦的干預。此時只有意識，你觀察了你的意識，很純粹，什麼都沒有，此時就是空，此時，過去與未來不存在，時空就靜止了。

現在我看到本質的我在這裡，我與高我在此連結。

意識，你說它空，但它還是存在，意識一直都在，不會消失，不會改變，所以我們說它是永生永存的。

這是人們無法明白，也是佛家講的不可說、不可說，因為如果無法具體描述，聽的人可能會誤會其意思。

但是，不可說又如何讓眾人知道？

所以只能盡量謹慎地用文字語言，用大家懂的方式去解說。

靈性的解說有時候是很難懂的，如果要以頭腦去詮釋靈性，常常不得其門而入，這也是很多人無法開悟的原因。

很多想開悟的人，一心想迴避心的感受，但心的真正本質不是情緒，也不是小愛感情，它可以說是大愛，在大愛裡沒有批判，是非好壞對錯是頭腦裡的認知。

記得有一次我與朋友一起觀賞電影，隨著劇情的起伏，他不知不覺地感動流淚了。他問我為何他會流淚？是軟弱嗎？我說，不是，流淚是震動到你的本源。

當你聽一首美好的音樂、看一部震撼人心的影片，之所以會感動，就是震動到你內心最深層的那個部分，而真正的心是通往靈魂的通道，如果避開了它，則無法感知到神性的存在，無法與高我連結。許多人無法開悟的原因，是因為略過這條通道，而想直接進入「空的境界」，這是不可能的！

想進入「空」之前，必須通過你的「心」，通過那個「有」，才能進入那個「空」。

每個人到達靈性的路程都不一樣，有人直接進入心靈，有人要透過身體去感受心靈，一切都是好的，每個人選擇適合他的方法，最後都會到達想要走的那條路。

覺醒就是知道，真正的你不是頭腦，也不是這個肉體，你真實的身分是靈性的，那是精神體，你是靈魂意識。在這世界上的每一天都不要忘了真正的「我是誰」。與高我一致，也會回到圓滿具足、輕鬆自如的狀態，這就是走在一條正確的路上，也是最後靈性的歸屬，回到我們的家。

時刻提醒自己活在臨在，過好現在的此時此刻。

腦海中的一切只不過是化學反應而已，它們除了加深我們的痛苦之外，沒有任何好處，所以從今天開始不要再認同它們，活在每一個臨在，每一秒都是全新的自己。

我在生命的探索中領悟到三個階段：見山是山、見山不是山、見山又是山。

這也就是說，我們最初都帶著純粹的神性本質，來到這個地球，但在二元世界裡，我們遺忘了，也漸漸遠離了最初的自己，最後透過世間的體驗，聽到真我的呼喚，讓我們開始醒悟，重新認回了自己，回到純粹的本質——這也是我們從神性的自己，來到地球體驗的目的。

很感謝這趟旅程，我所得到的收穫，不是言語文字可以全部形容、敘述得出來的，只能說，一切妙有盡在不言中。

此時我想到年輕時最喜歡的一部古典小說《紅樓夢》，裡面描寫一個情景讓我難以忘懷，當中有一句話，可以描述此時內在的心境：

「白茫茫的一片真乾淨。」

後記

有人問我，比起上一本寫了四年的著作《遇見豐盛的自己》，這本書寫得如此之快又順暢，為什麼呢？

沒錯，寫這本書時，一路是如此的順流，這要感謝寫作期間源源不絕的直覺與靈感，我知道這是來自高我的連結，讓它們可以排山倒海地湧入，並帶來許多寶貴訊息。高我的力量非常巨大，每次到來的時刻都是瞬間發生，所以寫作也就不分時間，除了固定在白天、晚上，有時靈感一來，也會在半夜或清晨記錄下來，但不管在哪個時段，都是在一種清明的狀態寫書稿。

這個現象也讓我聯想到，猶如書中所提到的，許多發明家、科學家，它們發明創造的瞬間，最先觸發的不是知識、理智、邏輯，而是在心智最清明的時刻，得到直覺、靈感的啟發。所以在這次的寫作過程中，我也敞開了自己的心、大量運用第六感知，傾聽高我的聲音，以靈性的修練運用在寫作上，感覺特別順流，較輕鬆不費力，對我而言，也是一項很特別的體驗。

這本書就是一場神聖之旅，寫書的過程感到喜悅，那種喜悅並非狂喜，而是一種喜悅的極致，那就是平靜。平靜之後的那種空，是很妙的境界，無法用言語來形容，只能以心來體會。當我們走對路時，一切都是順暢的，只要聆聽心的聲音，放鬆自己，信任宇宙，就能夠打開能量天線，與高我連結。

在不斷生命探索之中，今日的我比昨日的我，知道得更多，我也看到自己不斷地成長，這就是生命最好的禮物。對於生命的議題，我們雖然持續走在探索與發現的路程，但宇宙還有很多真相，等待我們去發現。

我也知道，以有限的頭腦想要知道微觀的宇宙，所看見的都只是部分而非全部。若純粹以科學的角度看宇宙，人們就會被頭腦的制約受限，因而無法認識真正的宇宙，所以「人類一思考，上帝就發笑」這句話，實在是很高明的隱喻。

如果從靈性的角度去看待宇宙，則會超越禁錮的頭腦，較不受限，幫助我們發現更多的真相，但是，頭腦理解的有限，人們總想要看見或印證會才相信，於是肉眼看不到的，就以為不存在；頭腦不相信的，就給予否決……這些都是阻擋我們看見真理的帷幕。

有些存在是超越我們感官之上，是我們的肉眼看不見，並非不存在，而浩瀚宇宙有著最精密的運作，常常超越頭腦的理解與想像，以小小頭腦的認知，是無法完全看清宇宙全貌的。即使如此，科學有個好處是，可以幫助人類不停地探索宇宙奧祕，不斷地掌握資訊，慢慢由眾多的小片拼圖，拼湊出一個樣子，來窺探宇宙整體的原貌。

想要知道宇宙的終極奧祕，就要靈性與科學並進，像二元的世界一樣，不是互相對立，而是相輔相成——如此才能跨越鴻溝，彼此成就。當我越了解宇宙的奧祕，就越感到這一切都是造物主的精心傑作，還有成為人的一種榮耀。

如果了解這背後的運作及其意義，就會了解：生命的確是禮物，只要你認識它。最後，將無限的祝福獻給你，希望這本書能陪伴你遇見高維的自己。

國家圖書館出版品預行編目 (CIP) 資料

生命的意義，你的靈魂都知道：升起你的靈性天線，一起踏上通往高我的回家之路 / 謝宜珍著 . -- 初版 . -- 臺北市：遠流出版事業股份有限公司，2021.07
面； 公分
ISBN 978-957-32-9180-0(平裝)
1. 自我實現 2. 人生哲學

177.2 110008977

生命的意義，你的靈魂都知道

升起你的靈性天線，一起踏上通往高我的回家之路

作　　者｜謝宜珍
總 編 輯｜盧春旭
執行編輯｜黃婉華
行銷企劃｜鍾湘晴
美術設計｜王瓊瑤

發 行 人｜王榮文
出版發行｜遠流出版事業股份有限公司
地　　址｜台北市中山北路 1 段 11 號 13 樓
客服電話｜02-2571-0297
傳　　真｜02-2571-0197
郵　　撥｜0189456-1
著作權顧問｜蕭雄淋律師
ISBN ｜ 978-957-32-9180-0

2021 年 7 月 1 日初版一刷
定　　價｜新台幣 350 元
（如有缺頁或破損，請寄回更換）

YLib.com 遠流博識網
http://www.ylib.com
Email: ylib@ylib.com